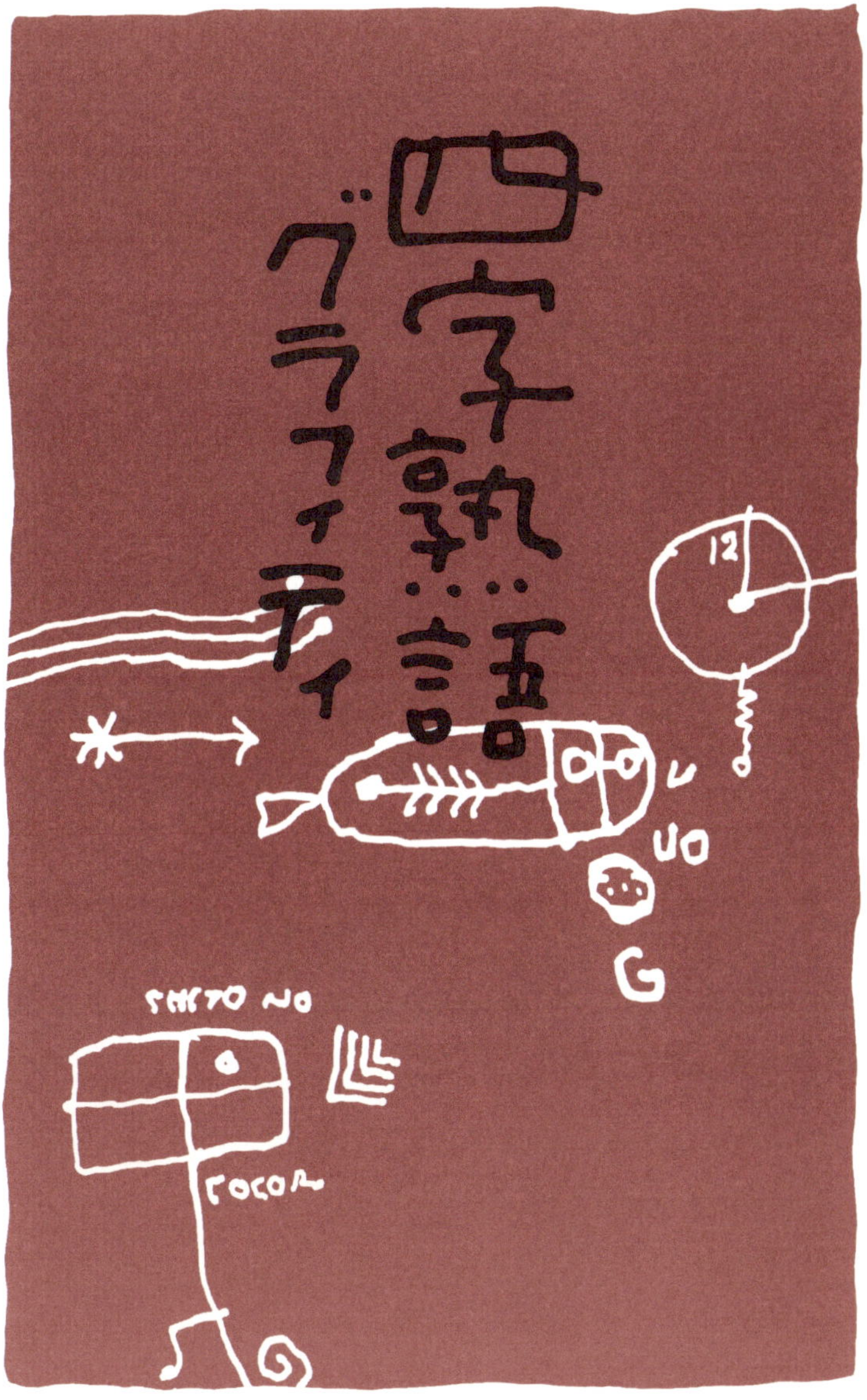
四字熟語
グラフィティ
12
UO
SHITO NO

目次

一石二鳥　いっせきにちょう　6
生存競争　せいぞんきょうそう　8
漁夫之利　ぎょふのり　10
危機一髪　ききいっぱつ　12
花鳥風月　かちょうふうげつ　14
家庭円満　かていえんまん　16
一網打尽　いちもうだじん　18
牛飲馬食　ぎゅういんばしょく　20
医食同源　いしょくどうげん　22

我田引水　がでんいんすい　24
前代未聞　ぜんだいみもん　26
弱肉強食　じゃくにくきょうしょく　28
自画自賛　じがじさん　30
隔靴掻痒　かっかそうよう　32
小春日和　こはるびより　34
好事多魔　こうじまおおし　36
美人薄命　びじんはくめい　38
画龍点睛　がりゅうてんせい　40

色即是空　しきそくぜくう　42
自由自在　じゆうじざい　44
春夏秋冬　しゅんかしゅうとう　46
晴耕雨読　せいこううどく　48
一方通行　いっぽうつうこう　50
因果応報　いんがおうほう　52
一致団結　いっちだんけつ　54
以心伝心　いしんでんしん　56
正真正銘　しょうしんしょうめい　58
沈思黙考　ちんしもっこう　60
和洋折衷　わようせっちゅう　62
即身成仏　そくしんじょうぶつ　64
適材適所　てきざいてきしょ　66
一目瞭然　いちもくりょうぜん　68

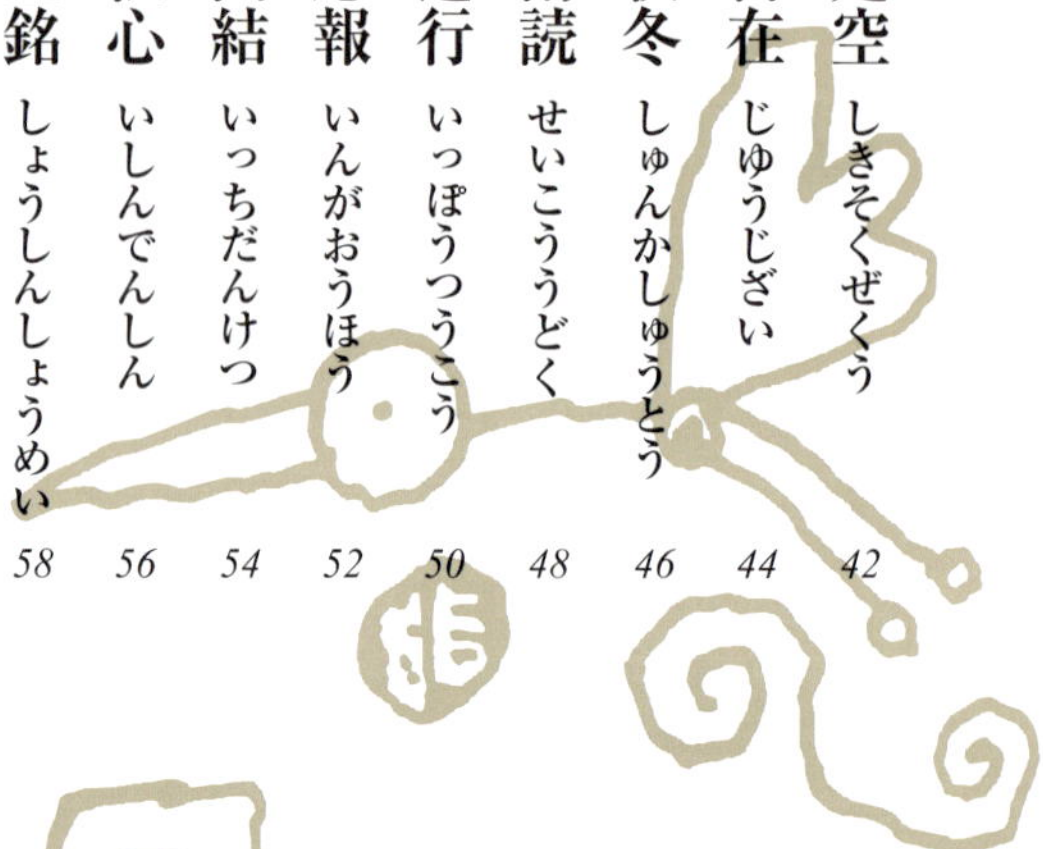

三角関係　さんかくかんけい　70
言行一致　げんこういっち　72
森羅万象　しんらばんしょう　74
台風一過　たいふういっか　76
風林火山　ふうりんかざん　78
輪廻転生　りんねてんしょう　80
針小棒大　しんしょうぼうだい　82
公私混同　こうしこんどう　84
先憂後楽　せんゆうこうらく　86
責任転嫁　せきにんてんか　88
切磋琢磨　せっさたくま　90
大器晩成　たいきばんせい　92
一期一会　いちごいちえ　94
喧喧囂囂　けんけんごうごう　96

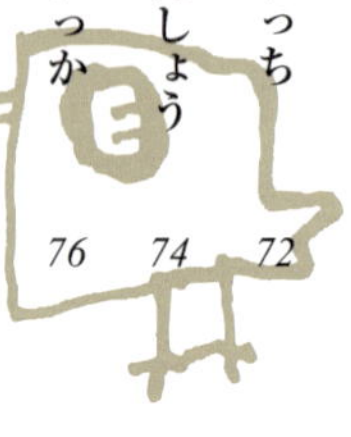

全知全能　ぜんちぜんのう　98
起承転結　きしょうてんけつ　100
栄枯盛衰　えいこせいすい　102
大安吉日　たいあんきちじつ　104
順風満帆　じゅんぷうまんぱん　106
神出鬼没　しんしゅつきぼつ　108
無理心中　むりしんじゅう　110
竹馬之友　ちくばのとも　112
馬耳東風　ばじとうふう　114
愚問愚答　ぐもんぐとう　116
悪事千里　あくじせんり　118
孤立無援　こりつむえん　120
支離滅裂　しりめつれつ　122
内助之功　ないじょのこう　124

喜色満面　きしょくまんめん　126
文武両道　ぶんぶりょうどう　128
男女平等　だんじょびょうどう　130
和魂洋才　わこんようさい　132
良妻賢母　りょうさいけんぼ　134
烏合之衆　うごうのしゅう　136
羊頭狗肉　ようとうくにく　138
温故知新　おんこちしん　140
賛否両論　さんぴりょうろん　142
条件反射　じょうけんはんしゃ　144
十人十色　じゅうにんといろ　146
魑魅魍魎　ちみもうりょう　148
先見之明　せんけんのめい　150
天地無用　てんちむよう　152

三人文殊　さんにんもんじゅ　154
百聞一見　ひゃくぶんいっけん　156
連鎖反応　れんさはんのう　158
完全燃焼　かんぜんねんしょう　160
前人未到　ぜんじんみとう　162
不老不死　ふろうふし　164
門前仲町　もんぜんなかちょう　166
光陰如矢　こういんやのごとし　168

自問自答　じもんじとう　170
荒唐無稽　こうとうむけい　172
大同小異　だいどうしょうい　174
過大評価　かだいひょうか　176
言文一致　げんぶんいっち　178
名所旧跡　めいしょきゅうせき　180
四苦八苦　しくはっく　182
四字熟語　よじじゅくご　184

四字熟語グラフィティ

一
石
二
鳥

一石二鳥【いっせきにちょう】

一石で鳥が二羽……？　ふーん、それがどうした。それで得したと。とぼけたこと言ってんじゃねえよ。一石で二羽ならついでに三羽もいけるだろうが?!　いやいや、三羽どころか十羽も二十羽も、いやいや百羽も千羽もいけるだろうが。いけるはずだろうが。いけないでどーする。それを追求するってのが仕事ってもんじゃねーのか？　なんて調子でやっていて、あ、破綻しました、ついでに関連の一石百鳥組もつぶれました、どーしましょ、ってのが現状。

とりあえず一石一鳥に立ち返って、運よければ一石二鳥を目指しましょう。

生存
競争
The Struggle
For
Existence

生存競争【せいぞんきょうそう】

サバンナでチータやブチハイエナのハンティングを300㎜の望遠レンズ越しに見ていたのですけれど、ターゲットのたとえばガゼルの落ち着いた態度が気になります。

追われれば一目散に逃げるのですけれど、いざ捕まったとなればそのまま食べられちゃいます。他のガゼル共もそう恐怖におののいている様子もありません。当のチータもガッツポーズもしませんし勝利したという顔もしていません。特に生存競争していません。喰ったり喰われたりしているだけです。

うん、「生存競争」なんて感覚は人間だけの特殊なものなんじゃないかななどと思うわけです。

漁夫之利
鳥と貝の争いを仲裁して
当面の利を手放した漁夫は そのかわり
子どもたちからの尊敬の念を
得たのではないかと
ひそかに考えるのでした。

漁夫之利【ぎょふのり】

詳しくは知らないけれど、なにかの貝となにかの鳥が波打ちぎわで争っているところを、ぶらぶらやってきた漁師がその両方とも捕まえちゃって得した、という事らしいのだけれど、所詮漁師って立場はもともとそういうもんでさ、海の中でミジンコみたいなのを小魚が食べて、その小魚を中魚が食べて、それを大魚が食べてなんてやってるのを、好きなところに狙いを定めて捕って売っちゃうのさ。いいなあ漁夫はさ、それに比べて絵描きなんか捕るやつまで自分で作らなくちゃいけないから大変なんだよ、という意味であろう。

危機一髪

危機一髪【ききいっぱつ】

一般教養人がどう言おうと国語の先生が何度言おうとこれはやっぱり「危機一発」の方がグッと来ます。

「一髪」はほんのわずかの差で危機を免れました、わーよかった、助かった、と一応過去形の熟語というわけです。

それに引き換え「一発」の方はまさにその現象を表現する現在形、あるいは未来形の気分です。一発どころか二発も三発も多発もあるわけでして、それをすべて「一髪」でかわして、わーよかった、助かったとゆきたいところですが、なかなかそう上手くはゆきそうもないね、でもなるべく気をつけようと。

大変なんだよ現代人は。

花
鳥
風
月

花鳥風月

【かちょうふうげつ】

行き先の旅館の主人が色紙なんかを持って来て「先生、何か一筆頂戴できませんかな……」などと言われて、仕方ないから手馴れたところで「すすきに三日月」とか「梅の枝に鶯」なんかをサササッと描きました、なんていうのが花鳥風月の代表的実用例です。

そんな場合、ジャイアント馬場の似顔絵とか、筆太に「神は存在するか」などと書くのはよくありません。「困った時、でもちょっとカッコつけたい時の花鳥風月」と御理解下さい。

家庭
円満
うち円満だよね
円満しかないもんね

家庭円満

【かていえんまん】

この場合の「円」とはまさに「円」、「￥」のことであろう。

まずはインカムの円。収入の円。先立つものがなければ先立たないのであるから、とりあえずの円、飯の種の円。で、出てゆく円は限りなし。なんとか費、なんとか料、なんとか代、なんとか税、なんとか金、と、名目、種別、項目、区分にはことかかず、出るわ出るわで大騒ぎ。それには家族全員、爺さん婆さんから赤ん坊までからむわけでこの言葉、家庭にはまさに円が満ちておる、と。

で、とりあえず円高傾向であるのでその対策はどうするか、いちおうユーロ満も視野に入れておくべきか、はなはだ難局である、と。

一網打尽
みんなで
あみにかかるのって
たのしいんね！

一網打尽【いちもうだじん】

　たとえば小さな川などで一網打尽構想の漁師が川魚の大量捕獲を繰り返していたら、ま、魚はいなくなります。専門的に言えば資源の枯渇です。

　でも正確には枯渇ではなく逃亡です。打尽は漁師の気合いであって実際は大半が逃げるわけで、その川には打尽漁師が暴れているといううわさが徐々に魚共に伝わりますから、そのうちに誰も来なくなるわけです。他のところに逃げたわけです。

　ましてそれが海ならば逃げるところだらけですから、一網打尽はあり得ません。安心して魚を食べましょう。

牛
飲
馬
食
へんな牛乳ボトル
見たことあります.
どこかの国で。
もちろん 家庭用です.
牛や馬用ではありません.
MILK
ふつうの

牛飲馬食
【ぎゅういんばしょく】

一読した時はなんだか凄い感じの言い方ですが、ちょっと冷静になって観察すると、牛はそれほどガブガブ水を飲んだりはしていませんし、馬もとりあえず草食ですから、そんなにガツガツバクバクやってはいません。もそもそと草や藁を食べてるだけなんです。

ですからこの熟語、牛のタタキやスキ焼きなんかで一杯やる、ついでに馬肉をサシとか鍋なんかにして食べるという、ごくつまらない、とはいえ庶民にはちょっとした願望という程度の意味だなあ。

医食同源

でき得れば
どちらか一方を
特化してほしい

医食同源【いしょくどうげん】

現代人はとにかくよく食べたり飲んだりするわけで、充分に飲み食い出来る自分に満足し、安心しているんだけれど、やっぱり当然どこかがおかしくなったり、少々危なくなったりするものだから医者の処へ行くの。で、いろいろ調べてもらったり切ってもらったりして、それなりに満足して安心して、また食べてまた診てもらうのさ。

つまり食べるのと医者に行くことの精神的な源はまったく同じである、ということ。お大事に。

我田引水
要「我地引道」状態。

我田引水【がでんいんすい】

我の田んぼに水を流し込む、とくに問題はなさそうだよな。我の田んぼがあまりにも広すぎて、水をたくさん使ってしまう、というところがいけないのかな。共同溝だったらちょっとまずいけど、自前の井戸なら別にいいよね。いや、それとて地下水、個人の水じゃありませんということかしら。あ、その態度かな、問題なのは。自分一人だけで張り切って、他人の事には無頓着というところがいけないのかしらね。

いずれにしても社会生活は難しいのね。田んぼに水引くだけでいろいろ言われちゃうんだからなあ。

前代未聞

前代未聞の
スーパーキャッチで
ありま〜す!!

前代未聞【ぜんだいみもん】

路肩で停車していたタクシーに正面から走って来たおっさんが激突したという交通事故を目撃したことがある。交通事故だよなあ、とりあえず。おっさん倒れてるので駆けつけてみたらかなり重症だから救急車呼んだ。どう見ても風景としては交通事故だ。タクシーにおっさん轢かれたと。でも違うのさ。おっさんにぶつけられたのよ、タクシーが。ぼくは証言してやった。運転手悪くない。おっさん悪い。といってもおっさん血だらけで気の毒だから、おっさんも悪くないとも言っておいた。ただちょっとスピード出し過ぎでした、とも。

弱肉強食

弱そうなほうが
食べられやすいってことよね
つまり
強そうなのは
いつまでたっても
食べられないってことよね

弱肉強食【じゃくにくきょうしょく】

強いやつが弱いやつの肉を食ってますます強くなって、弱いやつは食われることを前提に、それなりに数の帳尻を合わせて、なんとなく弱肉強食食物連鎖的進化論が安定的に実践されていっているような気配もある一方で、そういったダーウィン的思考はすでに限界であって、強いやつの弱体化、弱いやつの帳尻合わせの破綻もぼちぼち報告されてきている今日この頃、皆様いかがお過しですか。

うーん
今日は
よく描けたワ！

自画自賛

【じがじさん】

文字通り絵画のことについて言うならこれ、理想です。

自分で描いた絵画を「おおっ、なんと素晴しいことよ！」と自分でほめられたら最高。その勢いで他人も「おおっ、たしかに素晴しい！」などとなるわけね。なるといいなと僕なんか思っているのさ。つまりアート系ですね。

事務系とは少し違いますね。「おおっ、なんと美しい請求書のことよ！」といくら言ったところで「これ、ちょっと高すぎよ、もう少し考えてね」なんてなることもあります。残念なことです。

隔靴
掻痒
あー
尻がゆい〜〜☆

隔靴掻痒

【かっかそうよう】

これ、四字熟語の魅力満々ですね。

靴を履いたままその上から足の痒いところを掻こうとしても上手に心ゆくまで掻けないからイライラ・カユカユして、うーん、まいったなあ、というわけでしょ。

そりゃ当り前、はやく靴脱ぎなさい、ついでに靴下も脱いで、その水虫の痒いところ、思いっきり掻きなよ。それ以前に、もっと足を清潔に保たなくちゃダメよ、という程度の話をちょっとスゴんで「隔靴掻痒」なんて言っちゃうわけです。好きだなあ、この感覚。

小

日

　　　小春日和ぬ　小春日和だ

和　　春

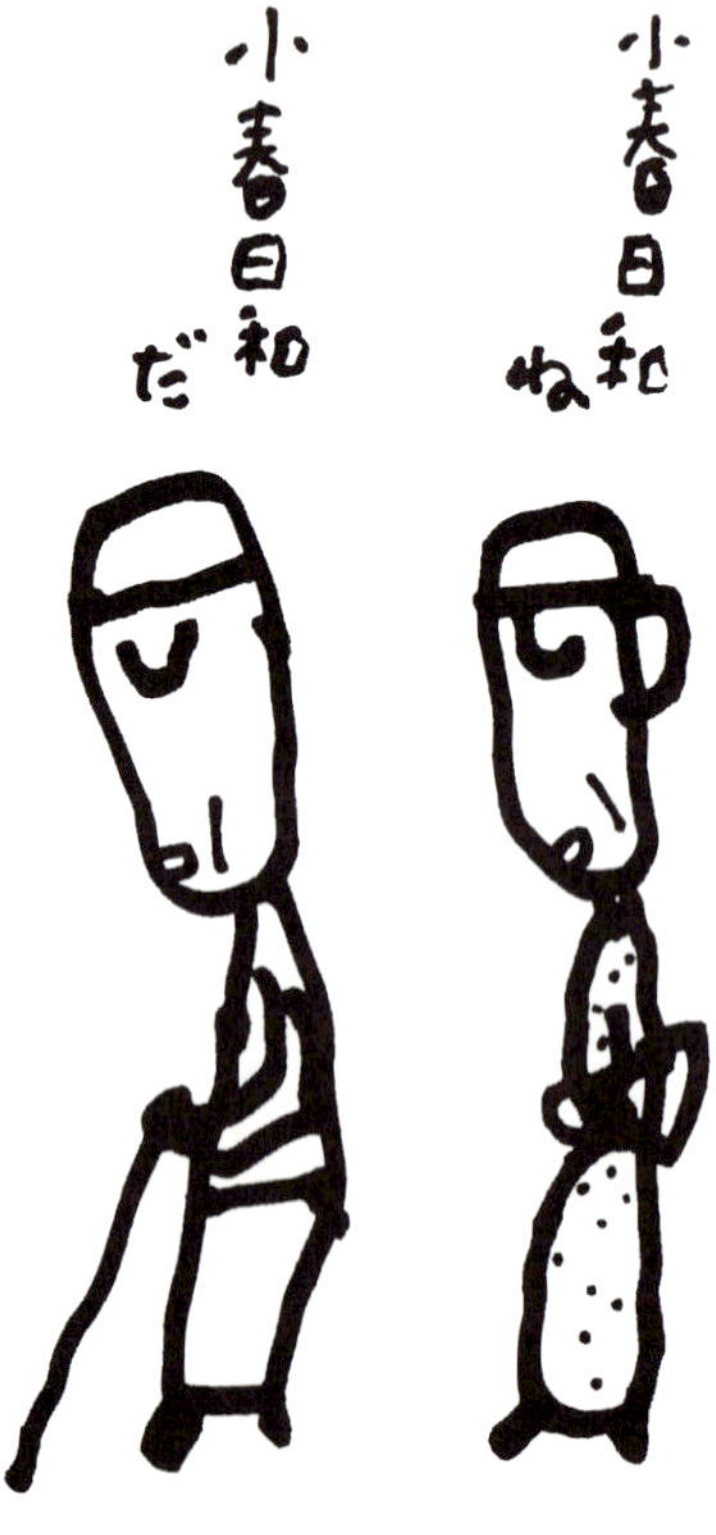

小春日和

【こはるびより】


「あのさ、小春日和ってさ、小春って言っても春のことじゃないのよ。春みたいに暖かい秋の日のことなのよ」

「知ってるよ、そんなこと」

「こんな小春日和の穏かな日は……って歌知ってるでしょ。秋桜って書いてコスモスって読むのよ」

「知ってるよ」

「でさ、山口百恵ってすっごく不幸だったのよ。お父さんがひどくてさ。百恵ちゃんが小さい頃家を出たくせに、彼女が売れ出したら戻って来てお金せびったりしたのよ」

「知らねえよ、そんなこと」

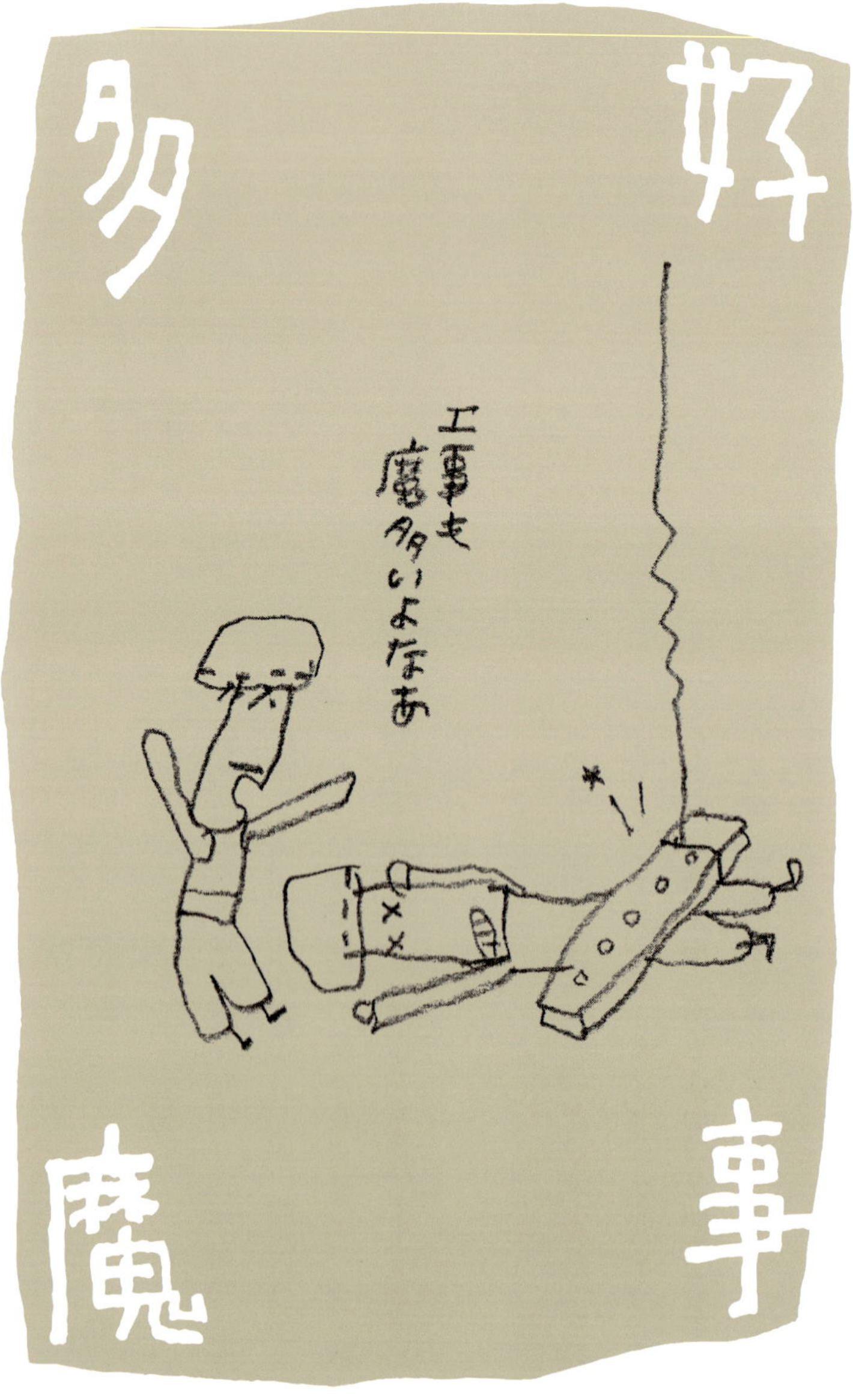

好事
多魔
工事も
魔多いよなあ

好事多魔

【こうじまおおし】

インドネシアのお寺でお芝居をやっていました。白い服の人達と黒い服の人達が5分おきぐらいに交替で登場します。白い服の平和も黒い服に乱され、黒い服の栄華もまた白い服に取って代わられる……これヒンズーの心です。ですとジャカルタ大学の女史が教えてくれた。

つまり良くてもしばらく、悪くてもしばらく、それが繰り返すのが世の中というものなのよ、と。だからヒンズー教的に言うなら「好事多魔、魔事多好」ということになるのだろうけれど、こちらはどうやら仏教儒教ね。「好事多魔」ポッキリ。

美
人
薄
命
「美」は本来薄命なのよ…
ながもちしない…と.

美人薄命

【びじんはくめい】

これはいったいどういう意味か？

美人は早死にである、というはっきりとしたデータがある筈もないのだから、美人はいろいろと周りを混乱させるから早く死ね、と言ってるのか、たまたま早く死んじゃった女の人が気の毒だから「美人だったねえ……」と、せめてもの慰めというつもりなのか、あるいは美人と付き合うとなにかと大変だから、その相手は自ずから薄命ねと言ってるのか、バリバリと長生きする女に美人なんか居るわけねえ！　と喧嘩売っているのか、いずれにしても余計なこと言ったもんだ。

画竜点睛
じぶんで描くからいいもーん

画龍点睛

【がりゅうてんせい】

これ、「画龍点睛を欠く」という使い方をするそうで、立派な龍の画を描いたのに、眼がまだ描いてありません、うーん、大切なところが一発決まってないからフィニッシュ！　というわけにはゆかないぞ、残念！　というわけ。

うん、これ、メキシコ人です。そう、メキシコでワークショップやったのさ、ちょっと前に。本当に素敵な人々がたくさんやって来て、みんなでワイワイ絵を描いて大盛り上がりだったのだけど、なぜかみんな適当に帰って行ってしまって、エンディングのわーいがありませんでした。なんかちょっと残念、画龍点睛を欠くの人々なのでした。たくさんたくさん絵を描いていった人たちなのに。

色即是空
色即是空なんだってさ
そうなんだ‥
あしたもあそぼうね

色即是空

【しきそくぜくう】

色は是つまり空《そら》色の事よ、空色こそが即色なのよ、と言ってるんじゃないね、これ。色、つまり点灯している車《タクシー》は即是空車《くうしゃ》なのよ、と言ってるんでもないね。色、つまりカラーインクのビンは即空《から》になっちゃうのよ、一本４５０円だからキツイのさ、と言ってるわけでもないのさ。色気を出すには空色の下着に限る、と言っているはずもないのよ。

要するに色即是空なの。そして空即是色なのだ。わかったと思うことは即是わかんなくて、わかんねえなと思うこと即是わかったということね。わかる?

自由自在

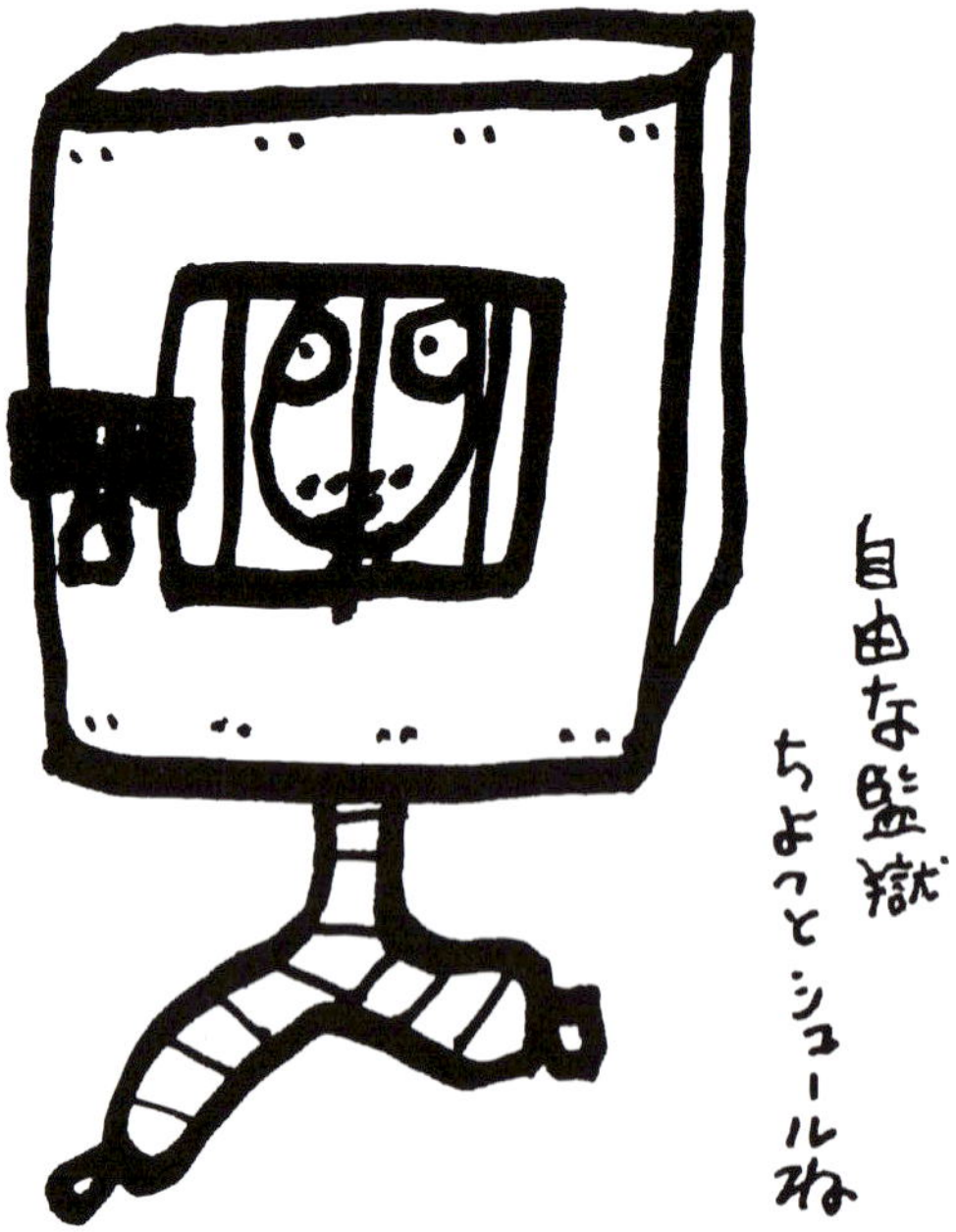

自由自在

【じゆうじざい】

かりに「自由自在に空を飛ぶ少年」が居たとします。少女でもいいですけど。とりあえず能力ですからはじめは「おおっ」とか「すごいね」とほめられたりしますが、そのうちすぐに飽きられて、「いいんですけど、あんまりうちの周りは飛ばないで」とか言われます。

　そして当然縄張りというものがありますから、カラスや鳩なんかにいじめられます。そして家庭では「バタバタ飛んでばかりいないで勉強しろ」とか「将来のことすこしは考えろ」などと言われます。

　この能力での将来……芸能関係かな……。能力としての自由自在はそう自由自在ではなさそうです。

秋
春
早出し春西瓜
定番夏西瓜
謹作冬西瓜
プレミアム秋西瓜
常座無季節西瓜
冬
夏

春夏秋冬

【しゅんかしゅうとう】

　「青春」という言葉が気になったことがありました。ずっと昔。なんで青い春なの？　そこで調べます。正しい学習態度。
　ほう、青は青龍神の青、春を司る神さんだと。で青春ね。いいなあ。で、夏は朱雀神で朱、赤だ。秋は白虎神で白だ。北原白秋ね。やるね。そして冬は玄武神、ちょっと難しいけど黒い亀の神さんだ。たいしたものだ。なかなかいい感じ。こういうの雑学というのだろうけど、けっこう気分が豊かになります。うん、朝青龍は春場所に強そう。白鵬は秋ね。あ、この視点で見ると千代大海、なんの目もないなあ。

晴
耕
雨
読
本日
曇天につき
賭博であります

晴耕雨読

【せいこううどく】

天気が良い日にはレンタル家庭菜園に行って草取りしたりキュウリもいだりして、雨の日は雑誌とかカタログ読んで過す、というんじゃないよね、どうやら。

晴れの日はコルホーズで集団農作業をし、雨天の折は居住区のプレハブ小屋の中で党の機関誌を読む、というのでもないよな。有機農法やりながら『沈黙の春』読んでいる、というのもちょっと違うし。

この晴耕雨読、具体的に考えると、けっこう曖昧なイメージしか出ませんね。一見するといい感じなんだけど。

一方通行
One way
Round about

一方通行

【いっぽうつうこう】

　ぼくが訪ねるべき事務所がある建物は、「一方通行の出口」というところの近くにありました。つまりそこは進入禁止であります。一方通行の入口から入るにはぐるっと一ブロックを回って来なくてはいけませんので、ぼくは「一方通行の出口」からバックで進入して結果警官に捕まった。
　ぼくは「いや、これは進入ではなく後退であって」とか「一ブロック無駄な走行するのは世の中全体の損失であって」とか語りましたが、警官の耳は一方通行の出口なのでした。

因
応
果
報
オレガ
フクロウナノモ
ナニカノ
インガカ?

因果応報
【いんがおうほう】

この熟語の基本的使用例は「親の因果が子に報い……」というやつだから始末に悪いよなあ。

子としては父母はもとより爺婆、曾《ひい》爺婆、曾々爺婆あたりまでの因果も一応考慮に入れる必要がありそうな気もするし、否々、さらにその前の前の、はるか縄文あたりの御先祖様などからの因果も続いているとするならばもう手の打ちようがありません。皆々様がそれなりに善良であったことをただ祈るしかないのである。

この熟語、タチ悪いね。

一

致

団

結

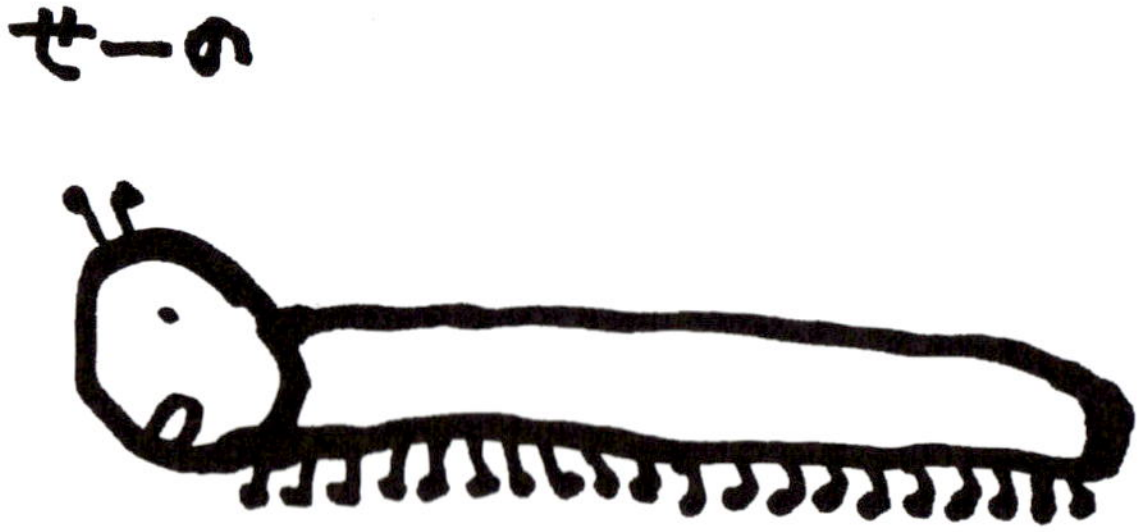
せーの

一致団結【いっちだんけつ】

「一致団結」がとても好きという人が世の中にはときどきいて、学園祭だとか草取りだとかゴミ拾いだとか募金活動だとか、とにかく一致団結して臨めとあおるわけです。

で半分ぐらいが付き合って半分ぐらいがサボるのさ。一致団結の必然がちょっと稀薄なのね。一致団結にちょっと暗い過去が甦ったりするしね。

ところがたとえば堤防が決壊寸前、とかイナゴが異常大量発生したなんていう場合は、あっという間に一致団結なのさ、人間ってやつは。団結すべきときはするのよ。だから声高にあえて一致団結を言わなくていいのさ。どうやら。

以心伝心
わかっているよな…
たぶん

以心伝心【いしんでんしん】

少年が丘をのぼってゆきます。丘の向う側からは同じように少女がのぼってきます。丘の真ん中の樹の下で、二人は会います。はじめて会います。運命の恋人であります……。

いいよなあ、こういうの。手紙とか電話とかメールとかじゃないのさ。まして出会い系サイトなんかじゃ断じてないのさ。心が空中を飛んで心に伝わるのさ。あーあ、やり直したいね、いろいろと……。

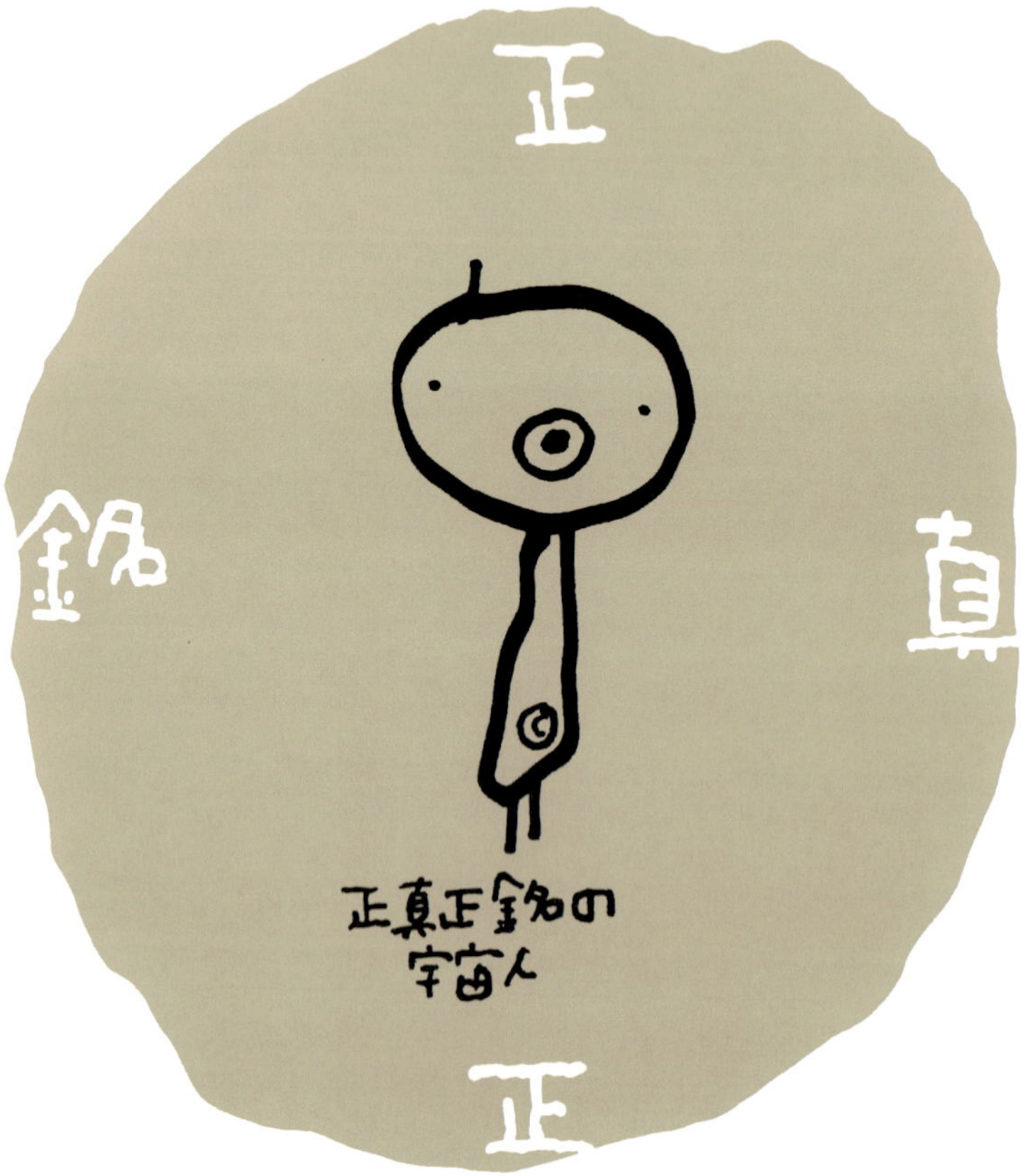
正
真
正
銘
正真正銘の
宇宙人

正真正銘【しょうしんしょうめい】

「正真正銘の偽物」というのがありました。かの香港のおみやげ屋さんのカルチェのライターです。

ほら、ここにちゃんとカルチェって書いてあるし製造番号の刻印だって押してあるね、っておっさんが言うのね。で、これがフランス製だと思ったら大間違い。純粋の中国製よ。そうどこにでもあるってもんじゃない。60ドルよ。たいしたもんね。

うん、たいしたもんだ。正真正銘の中国製のカルチェのライターだ。わーい。ということでふたつ買いました。きっちり100ドルにまけてもらいました。

沈黙

あいつ考えてるか？
おまえぐらいは考えてる
思考

沈思黙考

【ちんしもっこう】

かの「考える人」というタイトルのついた造型、ロダンという人が造ったやつ、あれ、レプリカも含んであっちこっちで見ますけれど、「考える人」という感じあんまりしないんですけど、ぼく。なにか「悩む人」とか「ちょっと疲れちゃった人」みたいな様子があって、いわゆる沈思黙考する人はあんなポーズとるかなあ、という思いがあります。

沈思黙考する人は案外口笛吹いてたり、畑耕していたりするんじゃないかなと思うわけです。腕立て伏せしながらなんていうのもありそうです。

折
和
衷
洋

和洋折衷【わようせっちゅう】

畳の上に漆塗りのテーブルがあって、テーブルだよ飽くまで、座卓じゃないのよ、その周りに椅子があって、座布団じゃないのよ、畳を傷つけないように脚に当て布なんかしてある椅子があって、和服のお姉さんがにっこりみたいな処、最近よくありますね。割烹旅館ね。

問題はにっこりじゃないの。畳の上のテーブルと椅子だ。これ和洋折衷と言うのかしらね。何か変なのよ。気持ち悪いのさ。

で、にっこりのお姉さんにきいてみたら「お年寄りさんと外人さんにはよろこばれてましして……」だと。

で、その夜はお年寄りの外人ということにして楽しみました。

即身成仏
おれは
生きてて
化石だよ.

即身成仏【そくしんじょうぶつ】

生き身のまま仏様になっちゃおうとして固まったまま死んでるお坊様を見たことあります。ミイラね。ちょっと傾いているんだけれど、とりあえずお堂の中で座っていました。

技術的には大変なことらしく、油飲んだり防腐剤になる草食べたり、だんだん食べ物減らしたりしてやがて仏様になるんだと。案内のお坊様が説明してくれた。で、不遜にもぼく訊ねました。

「なんでこんなこと思いついたんでしょうね？」

そうしたらそのお坊様、事もなげに

「なにかそのころ流行ってたらしいですよ」

とさ。

いいお坊様ね。

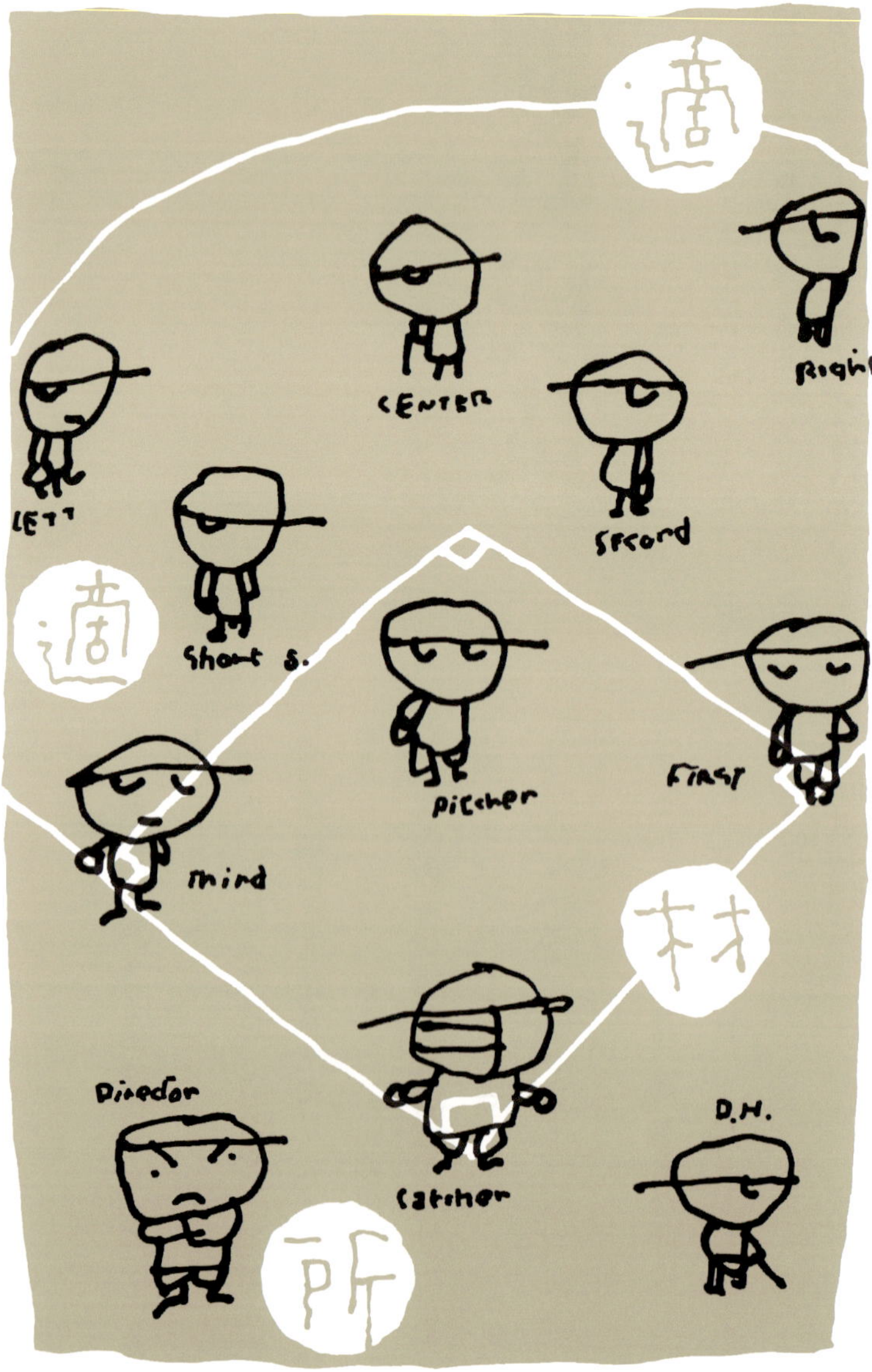
適
CENTER
Right
LEFT
Second
適
Short S.
Pitcher
FIRST
third
材
Director
D.H.
Catcher
所

適材適所【てきざいてきしょ】

そう、うさぎ小屋作ろうと思ったのですよ、なぜか突然。うさぎがいたから。で材木買いに行きました。生憎親方留守で、おばちゃんから板三枚ほど買いました。値段わからないからお金は後でいいと。

さっそく作りましたね、うさぎ小屋。いい材木。いい香り。翌日お金を払いに行きましたら親方がいて、どの板持ってった？と聞きますから、ここに立て掛けてあったやつ三枚と。

すると親方ちょっと高ぶって、で何に使ったんだ?! うさぎ小屋。バカ野郎、あれ檜の正目だ、一枚8千円だ！ おばちゃんのミスもあるから5千円ということで計1万5千円のうさぎ小屋。総檜造り。

一目瞭然

「まじめな人」と「まじめそうにしている人」は
すぐに見分けがつくものだ。

一目瞭然
【いちもくりょうぜん】

その運転手の愛想の良さは一目瞭然なのでした。「○○ホテル」ってぼくが言うととりあえずスタートしたのですが、あっと突然思いついたような態度で、「あなたに是非見せたい美しい並木道があるよ。ちょっと廻ってみましょうか？　みましょうね」と言うのも一目瞭然なのでした。ホテルが遠ざかってゆくのも一目瞭然なのでした。「○○記念碑の前通りましょうか？　通りましょうね」も「あっ○○ホテルね。もうすぐよ」も一目瞭然で、当然3倍料金もまたも一目瞭然なのでした。こういうわかりやすいの、いいです。

三角関係

緊張感高まる
三角見合い

三角関係【さんかくかんけい】

夏目漱石の晩年のテーマはもっぱら三角関係で男と男と女というパターンですけれど、そのことについてはさておき。

素人が椅子、テーブルを作ろうとするときは三本足がおすすめです。「三点は常に一つの平面を作る」という物理上の理由です。四本足だと互いに計四つの平面を作り出してしまうので、よほど正確に作らないとガタつきます。二本では平面を作らないから、倒れます。一本だとカカシ状態で地中に突き刺すかなにかしないと立ちません。

つまり素人は三角関係がよいということです。お試し下さい。何を？

一
言
おれは
借りた金は
ぜったいに返しません。
never pay Back!
致
行

言行一致

【げんこういっち】

言うことと行いが一致している……ということはたとえば、草刈りをするぞと言って草刈りをする、洗濯するぞと言って洗濯する、寝るぞと言って寝る、というようなこと？　あんまり面白くないね。あ、そうか、勉強するよと言っておいてしない、とか、貯金するぞと言いながら浪費しちゃうとか、結婚するわと言っておいてぐちぐちし続けてるとか……そういうことを戒めてるわけよな、この熟語は。

いずれにしてもそこから導き出される教訓としては「あまり先に言わないほうがいい」ということな。

森羅万象

【しんらばんしょう】

「森羅」がいいです。「万象」もまたかなりいいです。そして「森羅万象」となると、これまたすごくいい。

シンラバンショウという響きがとてもよい。特に意味もストーリーもありません。この世の、この宇宙のすべて、とただ言ってるわけです。「呉越同舟」とか「四面楚歌」とか「孟母三遷」とか、その出典を知ってはじめてああそうなのか……となるようなドジな四字熟語ではないね。森羅万象！とキリッと言い放っているところが潔い。これ、漢字の魅力だな。「だから何なの？」なんて聞かないでね。

台風一過
3

台風一過

【たいふういっか】

「タイフウイッカ」をぼくはずっと「台風一家」だと思っていた。

たとえば清水一家だとか小金井一家だとか、いわゆる任侠道グループのような。だから出入りがあって大暴れして、誰か仲裁に入って手打ちして、晴れて解決、で台風一家の秋晴れなんだろうな、と。

こういうの多いです、ぼく。「光陰矢の如し」を「強引矢の如し」だと思い込んでいて、矢なんてものは強引に突き刺さるもんだよなあとごく自然に理解してた。でもこういう間違い、人生にそうマイナスにはならないもんだ。

風
火
林
山
（こういうんだと
ばっかり
おもってました……
わたし

風林火山【ふうりんかざん】

武田信玄ですか。『孫子』の軍争ですか。風の如く、林の如く、火の如く、山の如く、ですか。うーん。なにか弱いですね。説得力があまりありません。

理由は「如く」でしょうね。たとえですね、すべて。魚の如く泳げ、なんて言われても、出来ないですよそんなこと、魚じゃないんだし、で終っちゃうのがオチで、信玄さんもそううまくはいかなかったようだ。

でも５００年の時を経て、天下のＮＨＫがドラマ化してちょっと成功したので、今や「風林火山」の如くあっちこっちで村おこし、ご苦労様。

輪
廻
転
生
かつて
鉛筆だった虫と
かつて洋ナシだった人

輪廻転生

【りんねてんしょう】

生まれて死んで、また生まれて死ぬという訳ですが、同じ物に再び生まれる訳じゃないのよ。転ずるのさ。人がみみずに生まれ変ったりするのさ。おもしろいですねえ。

そう、いますよね、なんかこの人、前世ではかえるだったんじゃないかなと思わせるような奴。あるいは前世は電信柱だったのかしらと思えるような柱っぽい人。

同じように、この釘、前は教師だったね、絶対に、なんて思える釘があったりするわけです。ムーア人の生まれ変りの靴ベラもあります。もう少し具体的に古今亭志ん生の生まれ変りの歯ブラシなんかもあります。

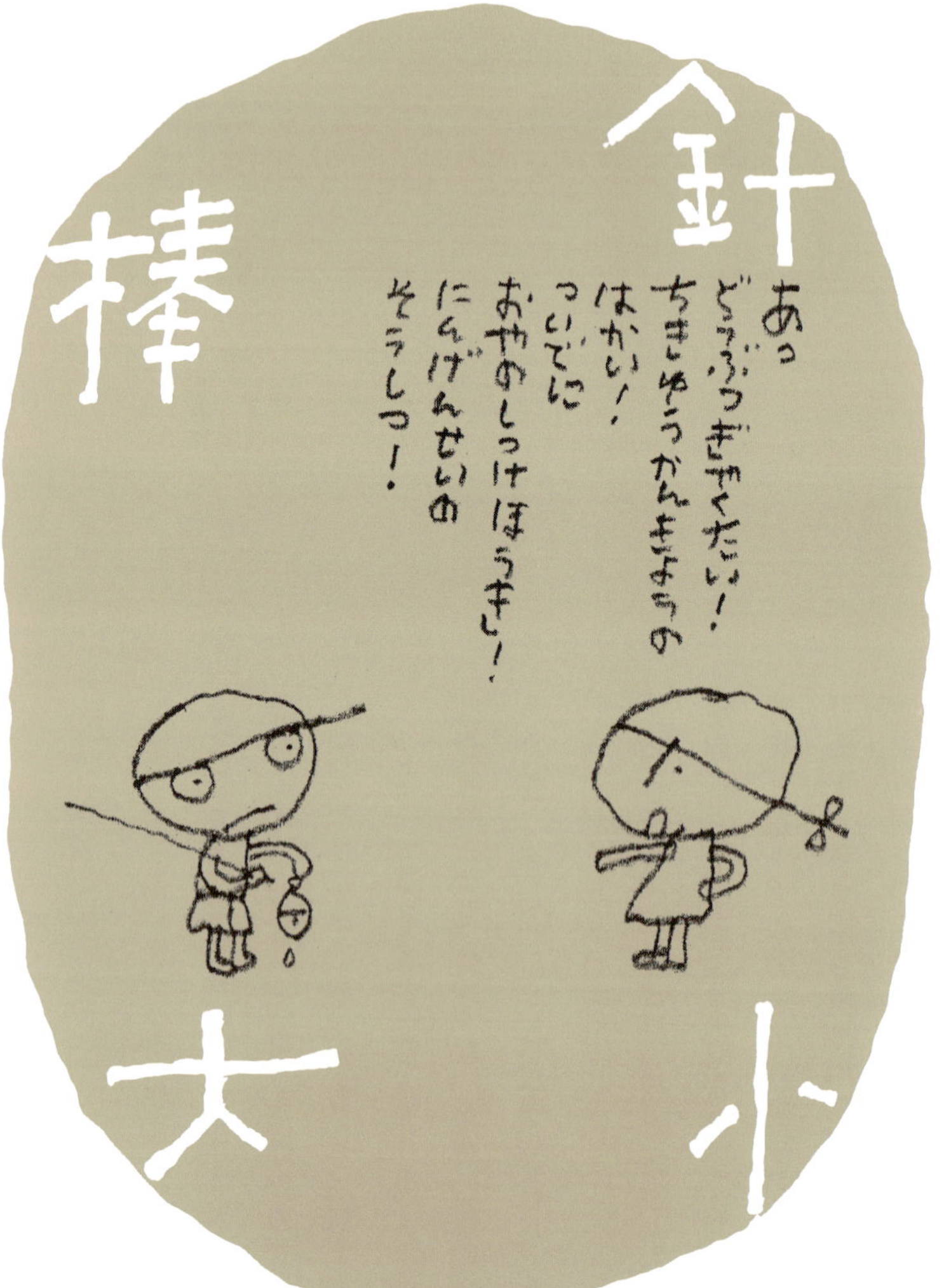
針小
棒大
あっ
どうぶつぎゃくたい！
ちきゅうかんきょうの
はかい！
ついでに
おやのしつけほうき！
にんげんせいの
そうしつ！

針小棒大

【しんしょうぼうだい】

この熟語見ていてなぜかお箸とバットを思い出した。

金本のお箸持っているのさ、ぼく。かのタイガース不動の四番打者、金本知憲のバットの折れたやつから作った箸という凄いものを持っておるのよ。箸だよ。ご飯食べるやつ。どういうプロセスを経てそういう奇妙なものが出来て、どういう経路を経てぼくの手元に届いたかは定かではないのだけれど、なにしろ凄い箸なのさ。箸袋にそう書いてあって、箸にはTigersって焼きゴテ押してあるぞ。まさに針小、いや箸小バット大な話でしょ。

公私混同

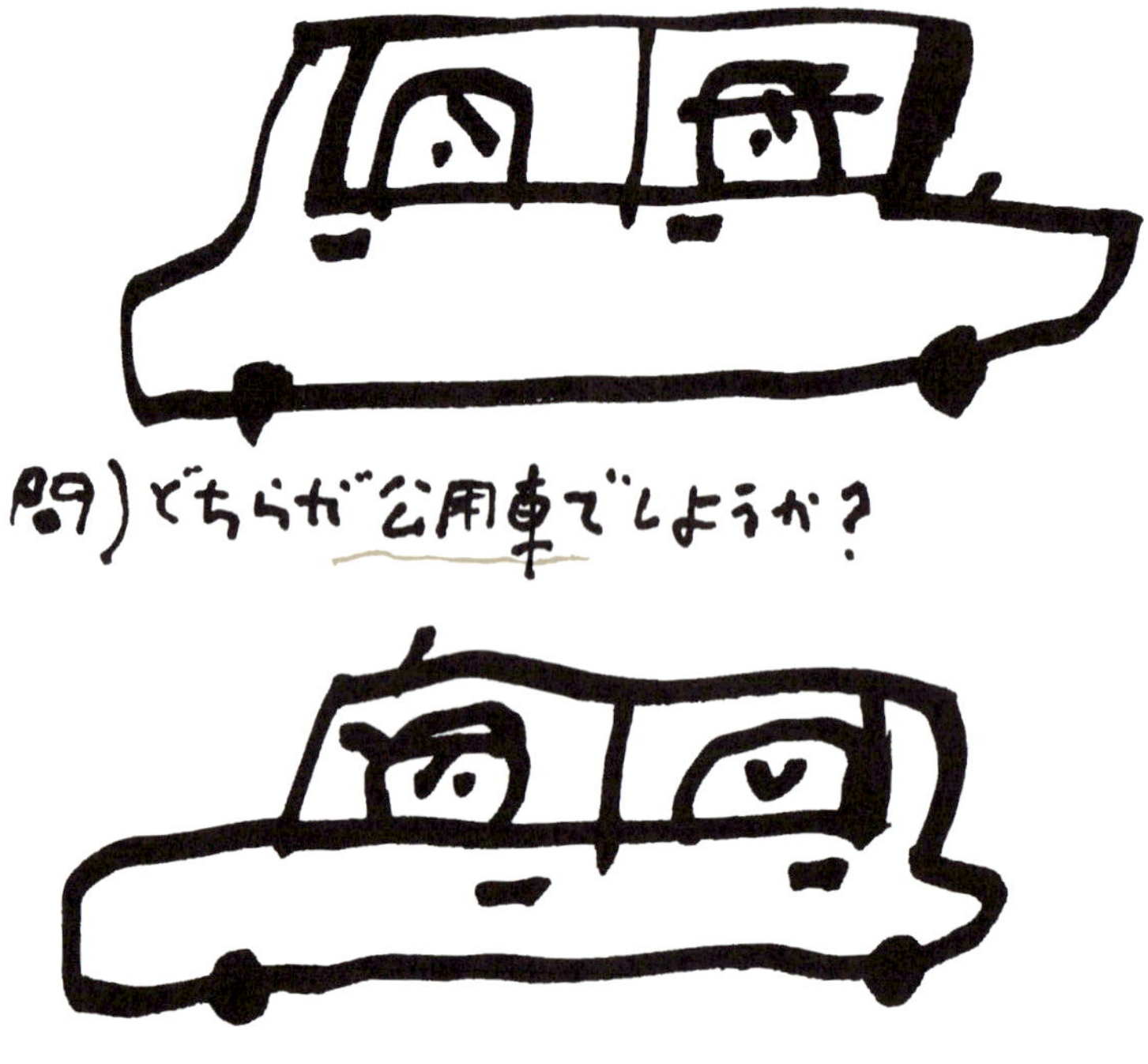

公私混同【こうしこんどう】

交通検問の警察と例によって一悶着あったわけ。

「そりゃ君の言いがかりってもんさ、俺は認めないよ」

と俺が言うのさ。

するど警官がさ

「私が違反だと判断したのだ！　私がキップを切るのだ！」

と騒ぐわけです。そこで私が

「君は私じゃないのよ。私は私なの。つまり君は公の立場で、私はあくまで私なの。わかる？　君の言い方は間違ってるの。それでも不服なら検察庁で話しましょう、さようなら」

ということでした。

で、いちおう公の出版物に限りなく私事を書く私も、少し公私混同なのでした。

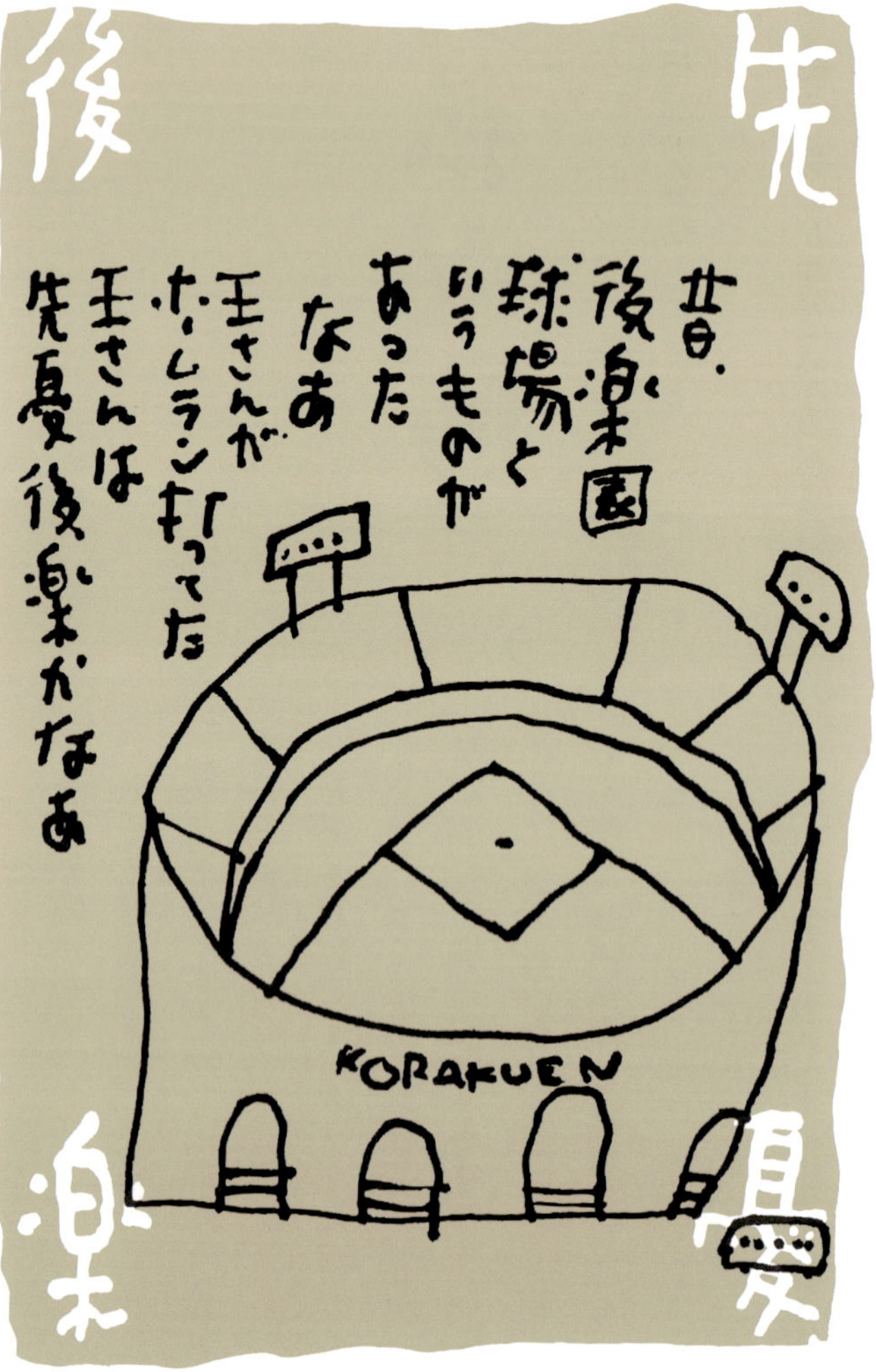
先憂後楽
昔、
後楽園
球場と
いうものが
あった
なあ
王さんが
ホームラン打ってた
王さんは
先憂後楽かなあ
KORAKUEN

先憂後楽

【せんゆうこうらく】

気力体力そして経済力も総動員して遥か遠くまで出掛けてゆきます。往路がんばるわけです。

で復路は楽かと言えばまったくそんなことはありません。経済力はともかく、気力体力消耗している分だけ復路の方が辛い。マラソンとか山登りを考えればすぐにわかります。登りは辛いけど下りは楽ねと考えるのはまったく甘い。下りの辛さが登山の本質、帰りのカッタルさが旅の実際。

でも人間けっこう意地っ張りなので、うんなかなか充実しておった、楽しかったと総括して、また繰り返すわけです。敢えて言えば「先楽後憂また楽しからずや」というところです。

責任転嫁

責任転嫁

【せきにんてんか】

あれ？　テンカってこういう字を書くんだっけ？　責任をうやむやにして誰かになすりつけちゃうという意味におけるテンカ。「嫁」になすりつけちゃうのかよ、はじめっから。

いろいろな字典・辞典を調べてみましょ。あら、あら、みんなこぞって「転嫁」ね。それも「再度の嫁入り」なんて解説もある。なんじゃこれ、セキニンテンカ自体慎むべきことなのに、それをこんな漢字使って言っててはダメよ。嫁も文句言わなきゃ。いやいや嫁なんかになるのやめなよ。いろいろなすりつけられちゃうよ。

切磋琢磨
セッサタクマ
シスギタワ

切磋琢磨
【せっさたくま】

琢磨君という友だちがいた。
父親はどこかの中学校の校長先生で、母親もまたどこかの小学校の先生というごく立派な家庭の琢磨君なのだが、あんまり琢磨君じゃないの。磨きかけたりするタイプじゃないのさ。すべてのことにまことと淡白で、鉄棒の逆上がりなんかすぐあきらめちゃうし、宿題なんかすぐ忘れるの。そこのところはぼくと同じなんだけど、ぼくには「次は忘れないようにしよう！」と思うだけすこしは琢磨なところがあったのだった。で琢磨君はどこかの町の職員になりました。

大器晩成

大器晩成

【たいきばんせい】

おやおや、ぼんやりした赤ちゃんね。うん、大物に成りそうな相はある。ボーッとしたまま幼稚園。そのまま小学校。まだまだ大器の片鱗は見せないね。中学、高校、うん、大学出たあたりからボチボチね。ん、もう三十過ぎたの？　おやおや四十半ばで、えっ！　まだ親の処にいるの。とくに何もしてないんだって？

（中途割愛）

で、お幾つでした？　ああ八十九歳。ご立派。この仏様、大器の相がありますなあ。

合掌

一期
一会
こんなこと
そうしょっちゅう
やってられないよな
お互いに。
とりあえず
一期三会ぐらいと
いうことで…
シュワッチ！

一期一会

【いちごいちえ】

ま、一般学習的にこの言葉を「いっきいっかい」と読んでしまって、いやな奴に「おめえ教養ねえなあ」などともの凄く馬鹿にされ挙句の果て「これはよ、つまり茶道の礼節から出た深い言葉でね、主人と客人は常に一生に一度の出会いなのである云々」などと講釈されたいやな思い出があったりして、そんないやな野郎とはこの世で一期限り、同窓会があっても決して行かねえぞ、という意味。

喧喧囂囂

【けんけんごうごう】

いや喧喧囂囂じゃないよ、喧喧諤諤なんじゃない。侃侃諤諤だよそれは。侃侃囂囂だっていいじゃない。よくないよ。

これを音声にすると、

いやけんけんごうごうじゃないよ、けんけんがくがくなんじゃない。かんかんがくがくだよそれは。かんかんごうごうだっていいじゃない。よくないよ。

ということになって、喧喧囂囂、侃侃諤諤と議論が続くわけです。十分けんけんごうごう、かんかんがくがくね。

全知
全治3000年…
全能？脳？

全知全能

【ぜんちぜんのう】

とりあえず「全知全能の神」という使い方をすべきお言葉ではありますが、その全知全能の神が仕切るこの世界がそううまくは行ってないと認めざるを得ないこの現実にかんがみ、全知全能はすでに時代の要請に合っていないのではないか、つまり知と能のデパートみたいなのはすでに時代遅れで、もう少し各パート専門化するとか、特化するとか、あるいは第三セクターに一部の権益を移譲するとか、思い切って民営化するとか、の方策を早急に講じるべき時が来ているのではないかと考えておる次第で。

誰が？

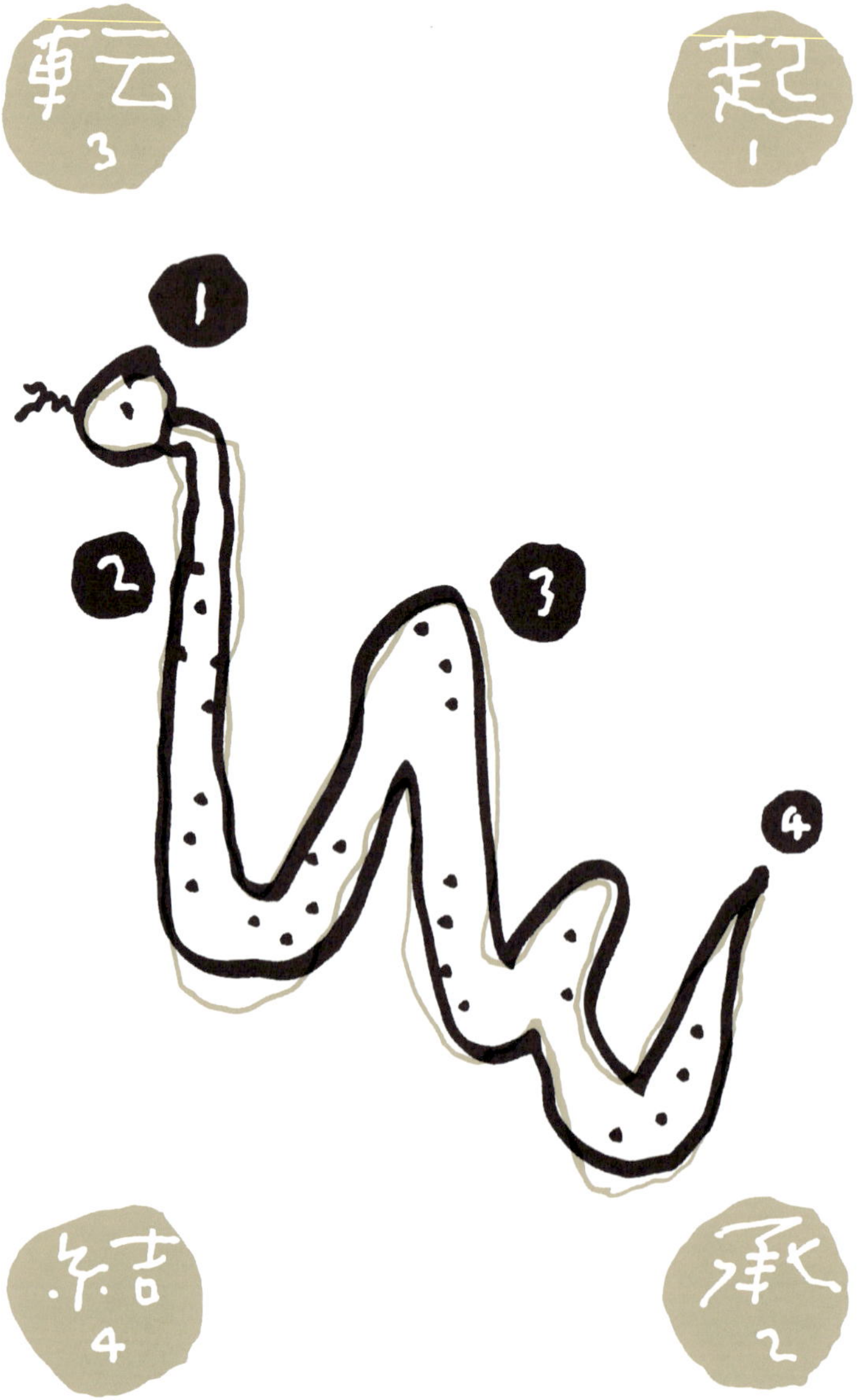
転 3
起 1
1
2
3
4
結 4
承 2

起承転結【きしょうてんけつ】

「昔々あるところにお爺さんとお婆さんが幸せに暮しておりました」と起。「お爺さんは山へ柴刈りに行ったりゴルフをしたりして、お婆さんは川に洗濯に行ったりフラダンスを習いに行ったりして暮していました」あたりが承。

そして転は「ある日お爺さんが、オレ性転換する、と言い出しました。じゃわたしもとお婆さんも」。

そして「前はお爺さんだったお婆さんと、お婆さんだったお爺さん、つまりあるところにお爺さんとお婆さんが幸せに暮しつづけてゆくのでした」と結。どう？

栄
枯
盛
衰
栄なければ
衰もなし
……と
だんこ

栄枯盛衰

【えいこせいすい】

バラクーダだとかムスタングだとか、カマロだとかコンチネンタルだとか、そう、いわゆるアメ車というやつ、うーん、凄いことは凄いんだけど、なんかちょっとお馬鹿さんぽいから気をつけたほうがいいよ、と40年前のぼくの意見にちょっとでも耳を傾けていれば、こんなことにはならなかったのよ。ようするに平家物語なのさ。祇園精舎の鐘の声なんだよ。いろいろ古典を勉強しなくちゃいけないのよ、わかった？ デトロイトの諸君。

大安
吉日
手術しましょうよ
大安ですから
：ねえ

大安吉日

【たいあんきちじつ】

大安売りの日はおしなべて吉日である、つまり吉日に手に入れるものはだいたい安物だといった、たわいもない四字熟語である。

順風
満帆
順風満帆つづきで
やすむ間もなし…

順風満帆

【じゅんぷうまんぱん】

この熟語、「順風満帆のわりには……」

と使うのが正しい。「順風満帆で船出したわりにはそこから先がねえ……」とか「順風満帆に見えたカップルだったんだけどなあ……」とか「順風とか満帆ってものは、そう長くは続かないものなんだよね、だって風向きはすぐに変るもんだし、満帆状態をずっと保つってのもなかなか難しいしさ」というニュアンスがあるわけです。

また実際に順風満帆状態でずっとやっていると、なんでそんなに順風満帆なのよ、裏で何かやってるんじゃないの？ なんて疑われたりするので、いずれにせよやや戒めの言葉として使うのがよい。

鬼
神
出
没
1
2

神出鬼没【しんしゅつきぼつ】

神のように突然出てきて、鬼のようにまた突然いなくなる。

うん、なるほど、新宿のタイガーマスクおじさんみたいな感じだ。え、知らない？ タイガーマスクかぶって風呂敷のマントはためかせて自転車で走りまわっているオッサン、新宿じゃ有名だ。二回ぐらいしか見たことないけど。

そう、そういつでも見られるもんじゃないというところが神と鬼なんだよ。神さんも鬼さんもオッサンもときどき現れる。それも突然。そして突然いなくなる。なんかステキだ。

いずれにしてもずーっと居られると困るわけです。

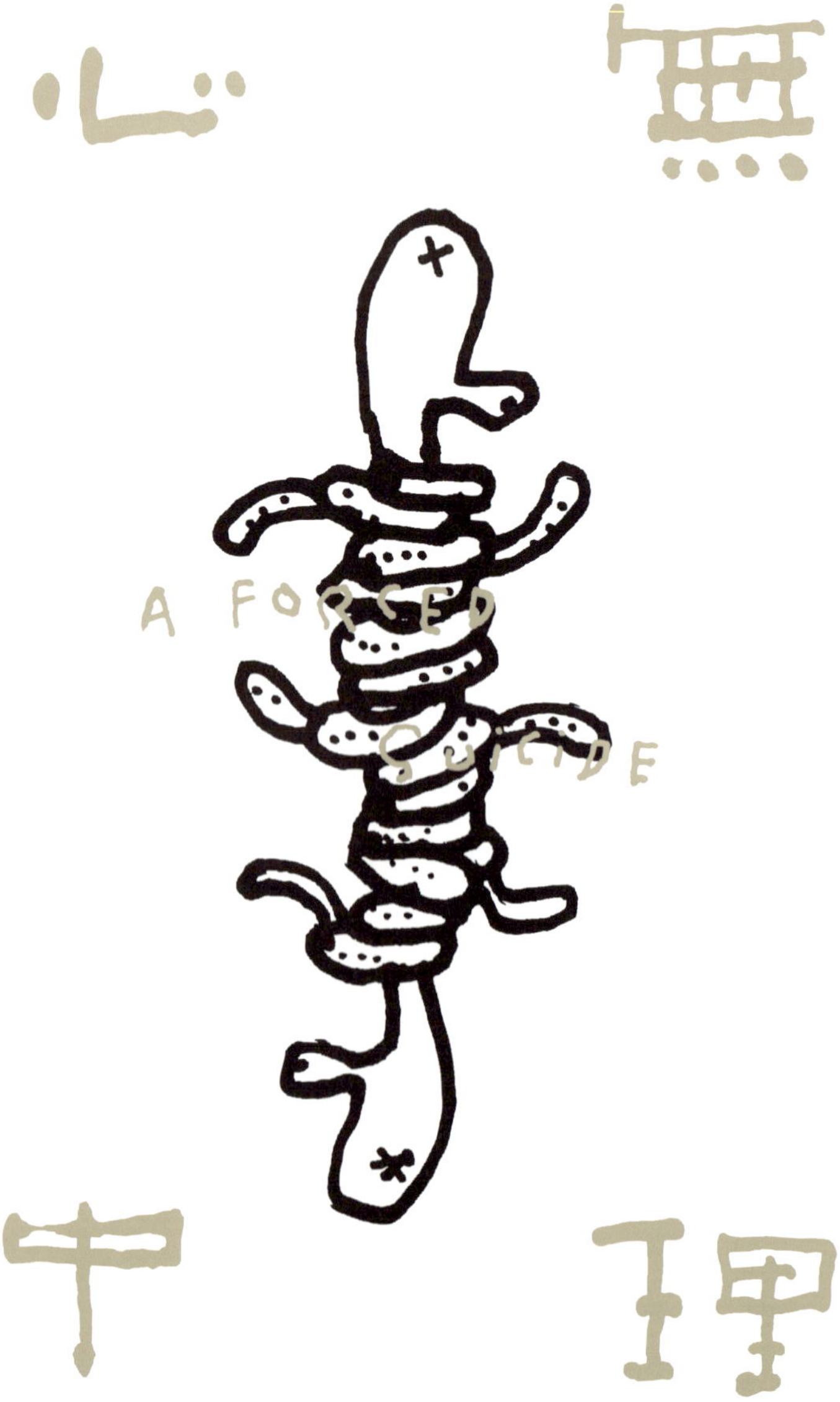
無理
心中
A FORCED SUICIDE

無理心中【むりしんじゅう】

漢字の面白さを非漢字圏の諸君にも教えてやるべえと漢字絵本を描いたのだけれど、そのときもこの「心中」という熟語が気になりました。「心」「中」はそれなりにいいのだけれど「心中」となると話がぐっと暗くなる。自殺、それも連れ合い自殺。うーんなんでかしらと思って調べましたね。ここがぼくの偉いところ。

とりあえず「心中」の元の意味は相思相愛、仲良しさんのことで、いろいろあってこの世では結ばれないので来世で仲良し、「心中」しましょ、ということだと。うーん。それで死ぬわけね。無理ね。

竹馬之友

竹馬之友

【ちくばのとも】

竹馬に乗りながらボーッと遊んでいた幼なじみがお互いに励ましあってそれぞれ立身出世しました、なんて話はあんまり聞いたことがないし、20年経った後の立場の差を戯画的に描いたO・ヘンリーの傑作短篇もあることだし、そう美しい熟語とは言えませんね。

そこに敢えてこだわると、初老の二人が子ども相手に竹馬教室やってみるとか竹とんぼ作ってるとかあるいはがらっとシフトして競馬之友となって暇つぶしているとか、そんな風景しか見えてきません。

馬耳東風
ねえ
たのむよー…
かえろうよ…

馬耳東風

【ばじとうふう】

「人の話ちゃんと聞いてんの？」とか「こっちの言うことが終ってから喋れよ」とかよく言われます。そういう傾向ないこともないのですが、ちょっと言い分がある。

うん、つまんないんだよ、お前の話、聞いててもしょうがねえんだよ、って。なあ、馬よ。そういうことだよな。馬耳東風、馬の耳に念仏なんて勝手なこと言われてとりあえず黙っているけど、本心を言わせてもらえば、そういうことなんだよな、馬よ。耳のそばで念仏唱えられても、わかったようなこと喋られても、ぜんぜんおもしろくもなんともないもんなあ、馬よ。

愚問

愚答

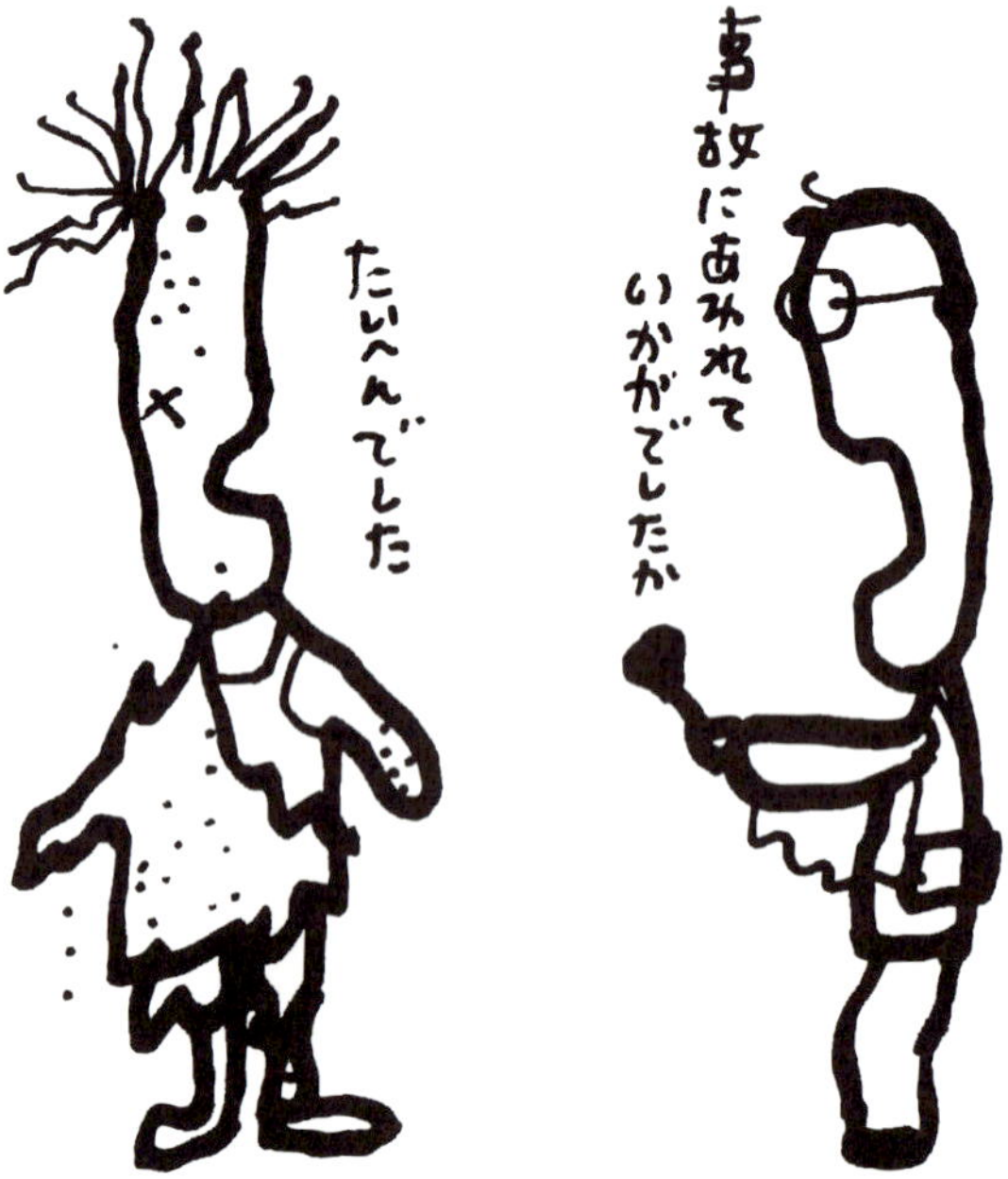
事故にあわれて
いかがでしたか
たいへんでした

愚問愚答

【ぐもんぐとう】

「春子さんは饅頭を12個食べました。夏子さんは26個食べました。秋子さんは39個食べました。全部合わせていくつでしょうか？」というのが愚問で、「12＋26＋39＝77答え77個」というのが愚答。

少し愚問ではなくするには饅頭を豆などに変える。あるいは「どこにそんなに饅頭があったのか考えてみましょう」とするなど。

少し愚答ではないのは「冬子さんはどうしたのか気になります」あたり。

千 悪

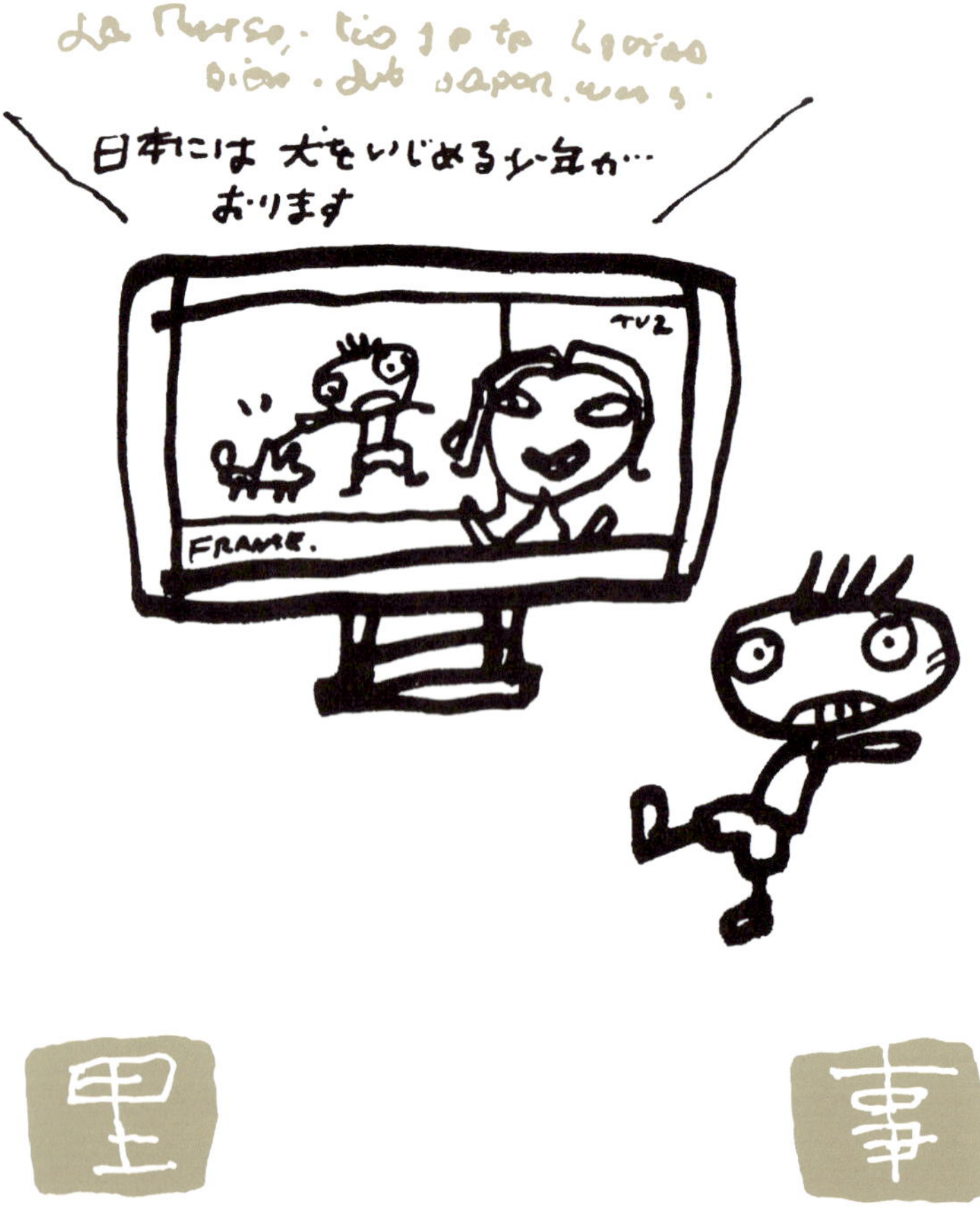
日本には 犬をいじめる少年が…
おります
TV2
FRANSE.

里 事

悪事千里
【あくじせんり】

こういう熟語を超特太ゴチック体で黒々と書いたやつを10m真四角の垂れ幕かなにかにして、警察署の建物の屋上から吊るすのどうかな。けっこう迫力あると思うよ。「交通マナーを守りましょう」とか「振り込め詐欺撲滅月間」なんていう垂れ幕けっこうあるけれど、ぜんぜんダメね。「悪事千里」。それも超特太ゴチだ。凄いでしょ。

それに対抗して悪い会社は「悪事隠匿」、やくざの事務所は「悪事永劫」なんて掲げるのさ。黒々と。盛り上がること間違いなし。ま、盛り上がってどうするのっていうところもある。

孤立無援
君はけっして孤立無援では
ありません
オレなんかけっきょく
孤立無援なんだ・・・・

孤立無援

【こりつむえん】

いつもはセカンドなのだけれど、たまにはセンター気分を変えようと思ってはじめてセンターを守ってみたのさ。俺たちのヘボ野球での話だけれど。

外野手さ。一応公式のグラウンドだ。わあっ、外野広い！　ホームベースずっと向うだ！　ライトもレフトもやっぱりずっと向うだ！　こんなところ守れるわけないよな、たった一人で。

加えて俺たちのチーム、協調性皆無だから結果まったくの孤立無援状態。さびしい。キビしい。そっとこのまま外野のフェンスの金網の破れているところから抜け出して帰っちゃおうかな、でも誰も気づいてくれないかなあとフッと思えるほど孤立無援だ。そこのあたりが、ちょっと楽しい。

支離滅裂
ようするに私のいいたいのは
サルモネラ菌の市場動向に
かんがみ 光の三原色と 阪神
タイガースの老後の福祉のエキ
セントリックな敵は本能寺に
あるという教育理念のその
つまり なのであって
早い話が…と…の
…のであります。

支離滅裂

【しりめつれつ】

四字熟語としての意味はそれなりによく判るのだが、それがなんで「支離滅裂」なのかよく判らんといった奇妙な言葉ではあるなあ。

とりあえず「支離」がよく判らぬ。支が離れたのか離が支えてるのか、それがいったいどういう状態なのかさっぱり見当がつかないね。「滅裂」はもっと判りません。でもなにしろ滅裂なのだからだいぶ滅裂なんだろうと理解するばかりで、合せて支離滅裂はなにしろもう充分に支離滅裂なんであろうと考えるわけです。

それなりに完成度は高いと思います。

内助之功

内助之功

【ないじょのこう】

これ、なんかいいですね。内なる手助け、ちょっとしたボランティア、内密の援助、いいじゃありませんか。亭主の出世のために女房がちょっと上司に何かする、それも亭主には知られないように……とか、我が子の成績上げるために母親が担任の教師にちょっと何か渡すとか……なんだかわくわくする風景です。

でも世の中、そう甘くもないしロマンティックでもないので、内助之功効果を悪用するやつがたくさんいて、贈賄収賄と相成るわけで、ただわくわくしている場合じゃないのね、実際は。

喜色満面

喜色満面

【きしょくまんめん】

喜色満面の代表者はあらゆる神様仏様だと思います。だっておしなべて皆様（ま、一応多神教という立場で……）故あって有資格者、いや有資格神だからそれなりに安心しているし、黙っていてもお布施は入るし、そうキツい労働でもないしさ。で、その喜色満面をどう穏やかにおさえるか、というところが勝負どころ。あまり大笑いしないでフッとこぼれそうな笑みあたりでまとめておくのが腕の見せどころ。いや、顔の見せどころ。

他には憂色満面、怒色満面、なんていうやり方もありです。お試し下さい。

文武
両道
山のあなたの
空
とおく
幸い
すむと
人のいう・・・

文武両道

【ぶんぶりょうどう】

文学的とか文化的とか文明的とかいうやつをまとめて「文」。武道的とか武士道的とか武骨的とかいうやつをまとめて「武」。その両方をクリアすればいいんでしょ。

「両道」という概念がいまひとつ曖昧だからこの際ビシッとした広い両方向二車線道路ということにして、片側に文化ホール、その向い側に武道館でもシャキッと建てればいいんじゃない。その辺りを「市民文武両道公園」とか呼んでさ。そして当然文武両道さわやか人間がたくさん集まったりして。文句ないでしょ。

でもぼく、その近所には行かないよ。たぶん。

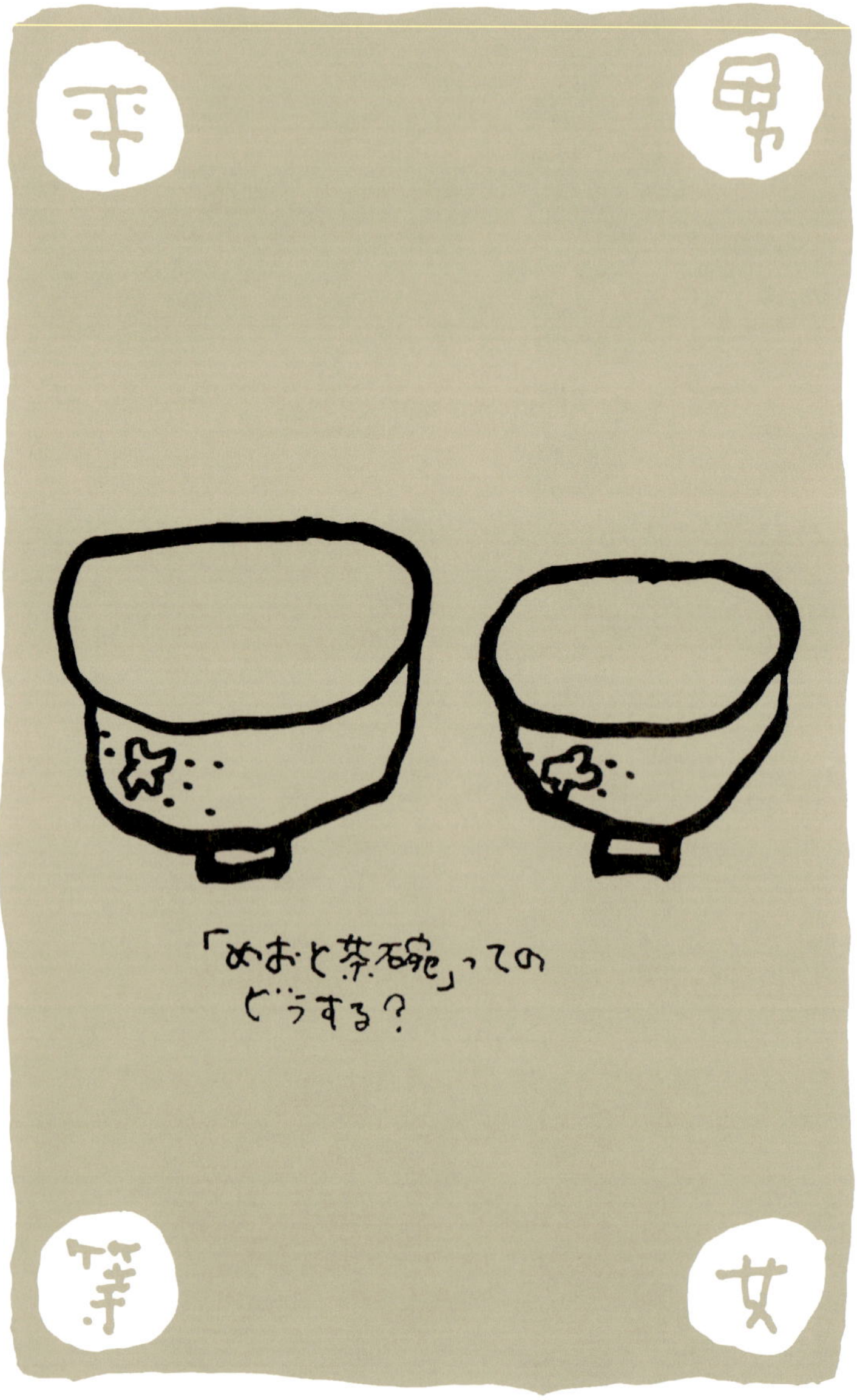
平
男
「めおと茶碗」ってのどうする？
等
女

男女平等

【だんじょびょうどう】

とは言うものの、やっぱり男女平等なのね、女男平等とは言ってないのさ。あくまで前置優位性の法則から言って男女平等なの。甲子園での阪神・巨人戦、ドームでの巨人・阪神戦みたいなやつね。男が主催者側なのさ、あくまで。「男と女は平等であるぞよ」と男が言いました、というわけだ。

で、女が言ったら女男平等となるかと言えばそれは甘い。「それらしいこと考えたところで、決して四字熟語なんかにはしませんよ」とやわらかく言うであろう。彼女たち賢いからね。

洋才和魂

ニジンスキーの影響をうけた
伊賀忍者。

和魂洋才

【わこんようさい】

はたして、羽織袴でヴァイオリンを弾いているのは和魂洋才か？ 津軽三味線でのラップは和魂洋才か？ ナイフ・フォークでのハラキリは和魂洋才か？ 大相撲におけるドーピング検査は和魂洋才か？ シュタイナー理論に基く「鬼は外、福は内」は和魂洋才か？ バウハウスの影響を受けた折り紙は和魂洋才か？ 駒をすべてこけしにしたチェスは和魂洋才か？ 湯けむりの中で演じるシェークスピアは和魂洋才か？ フェラーリに乗った神主は和魂洋才か？ オリエント急行で行くお遍路は和魂洋才か？ 水墨画で描くヴィーナスは和魂洋才か？ レゴで作る錦鯉は和魂洋才か？ いちご大福は和魂洋才か？ 翁の能面をつけたプロレスラーは和魂洋才か？ ルイ・ヴィトンの座布団は和魂洋才か？ ふんどしで踊る白鳥の湖は和魂洋才か？ 声明で唄う第九は和魂洋才か？ クリスマス提灯は和魂洋才か？ ユーロ紙幣のお年玉は和魂洋才か？ イベリコ豚の活き造りは和魂洋才か？

良妻賢母への道

良妻賢母

【りょうさいけんぼ】

まあいい妻であって、まあいい母親であろうと思われる人、たくさんいます。でもはっきりと「良妻賢母」と四字熟語の誉れ高い人となると、なかなかいません。

それはつまりこの言葉は当人の個人力ではどうしようもないところがあって、なにかのハズミで夫が立身出世したとか、子供が名高くなったといった稀な現象が起きた後に、もしかするとそれは彼女の「良妻賢母」による力だったのではないだろうか、となるわけで、「あなたも良妻賢母になれる」といったハウツー本も重版できるまではゆかないわけです。

鳥
それなりに
たのしそうね・・・
集
合

烏合之衆

【うごうのしゅう】

皆で一斉に止り木に並んで止って、皆で一斉に水に飛び込んで、一斉に空を飛びまわって、一斉に陸に上って、一斉に花見して、一斉に休みとって、一斉に渋滞にはまって、一斉に地デジにして、一斉に庶民の暮しは楽にならなくて、それは政治が悪いからで、特に社保庁はけしからん、加えてリーマンブラザーズの破綻に端を発して世界的不況であって、いま一番大事なのは地球環境であって、一斉にとりあえず大切なのは家族であって、一斉に食の安全を守るのであって、云々という熟語。

羊
頭
狗
肉
ペニラいニフルックスをしているからといって
わたしは物理学者でもない
音楽家でもない
まして発明家でもない
いわゆる普通のサラリーマン
なのである。
そのまま受けとめてほしい

羊頭狗肉

【ようとうくにく】

とりあえず看板に偽りがあるのは正しいことではありませんが、うん、羊肉か、ぼくあまり好きではありません。ラムとかマトンですよね。でももう少し探せば旨い羊肉もあるのかもね。

で狗肉。犬の肉ね。これ一回だけ大阪の方で食べたことがあるのだけれど調理がくどかったので、味よくわかりませんでした。でもこれも探せばきっと旨いやつあるのでしょうね。

いずれにしても肉全般好きですから、「羊頭狗肉」なんていう言い方がなじみません。ついでですが最近ぼく「和牛」離れしています。牛肉はなんといってもアルゼンチンです。鶏肉はメキシコです。

温
故
知
新
えー このたびは 温故ということで ひとつよろしく…

温故知新【おんこちしん】

いわゆるアカデミズムというやつだ。古い昔の事をよく調べて、新しい事に対応する知恵としなされ、というわけだけれど、これが問題なのね。

古い事、昔の事それなりに詳しく知れば知るほど、おやおや、あれまあ、いろいろやってたのね、適当に、都合よく、ちょっとズルしたりして、そのわりには偉そうに、まずいところは上手に隠してさ、いいところだけ仰々しく残したりしてさ……なんて感想ばかりが出てくるのがこの私でありまして。温故知新に学ぶところがあまりなくて申し訳ありません。

でもこの四字熟語グラフィティはいちおうその方向でやってはおります。

両
賛
賛否両論
マーク
論
否

賛否両論【さんぴりょうろん】

たとえば、「この作品は素晴らしい！称賛に価する！」というのが賛で、「これは駄作だ。この作品の存在を否定する！」ってのが否で、それをもって賛否両論とするのであって、対象の作家、作品はまことキビシい状態に置かれているように見えるのだけれど、なに、とりあえず盛り上がっているのだからいいじゃない、それに比べて賛もなければ否もない、ただ無視みたいなのも多いんだからさ、という見方もあるわけでさ。

ぼくの作品にも何か言ってよ。お願いします。

条件
反射
条件「席につく直前」
反射「とりあえず あやまる」
まことに 申しわけ ございません

条件反射【じょうけんはんしゃ】

パブロフと名付けられた犬がいました。名付けた奴はけっこう満足していて、事あるごとに例の「パブロフの犬」、つまり犬を使って条件反射理論を実験した、動物虐待スレスレ博士パブロフ氏の話をするらしく、俺は二回も聞かされた。犬にとっては迷惑千万の博士の名前をなんでわざわざ犬に付けたのかはよく判らないけれど、一定の条件で刺激Aを与え続けると条件BがCに変ったときにも同じような反応を反射的にするようになるというパブロフ博士の理解は奴にもほぼあてはまるのさ。刺激Aはこの場合、客が来たということ。ね。

いろんないろで
ぬりましょう
十
十
色
人
「らくがきえほん」
ブロンズ新社
より

十人十色【じゅうにんといろ】

えー、世の中十人十色、それぞれお顔も違うようにお心持ちもいろいろでして……なんていう落語の枕、よくありますけれど、これ、枕にしてはもったいないよ。

本当にそうなのよ、十人十色なのさ、基本は。人それぞれ違うの。それを個性と呼ぶの。それを基礎条件としてきちんと認め合うの。それが人権尊重ということになるの。お顔の色の差なんて言ってる場合じゃないの。お心持ちの自由は尊重しなくてはいけないの。

あ、ちょっと力が入ってしまった。えー、お後がよろしいようで。

こわ……
chi
mo
mi

魑魅魍魎

【ちみもうりょう】

何も考えないでとりあえずこの字の羅列をじっと見ていると、魑魅魍魎の本質が否応なしに見えてくるではないか。恐ろしいことである。

魑魅魍魎が恐ろしいんじゃないの。字が恐ろしいのね。怖いのな。字の固まり感、並び感、まとまり感が恐ろしいのさ。はなから一字一字の意味なんて探る気力は失せているのだから。熟語の内容が恐いわけはないよ。この字の存在が怖いのよ。

つまりこういう字を作り並べて意味付ける人の業がさ。そう、魑魅魍魎は人のことね、どうやら。

先見之明

先見之明【せんけんのめい】

これ、現代人にとっては必須の知的能力といった感があって、テレビ討論会などを見ていると「そのことについては私、昨年の○○誌にすでに書いてますすよ」「いや私などもう三年前から専門委員会で発言しておるのです」みたいなやりとりがばかに多くて、どっちが先見の明があったか競争みたいな感が満ちていて、討論の本題がよくわからなくなっちゃったりするのね。

で聞いているこちら側の素朴な疑問としては、そんなに先見の明があったのになんでまだこんなテレビ討論会に出てるのあんた？　というところ。

天
地
無
用
CAUSION
UP.
2500

天地無用《てんちむよう》

ダンボールの箱に大きな字で天地無用と書いてあり、その脇に上向きの矢印があってさらにその脇に、「さかさまにしないで下さい」と書いてありました。

うん、そうなのよ、天地無用という意味がよくわからないのさ。無用というところが特にね。用が無い、天と地に。それがどうして逆さまにしてはダメという意味になるのだろうね。外国語かな? だから矢印かいたり翻訳文つけなくちゃいけないのかな。「天地無用」無用ね。

3人
文殊
monju×3 = 3monju
Baka×3 = 3Baka

三人文殊

【さんにんもんじゅ】

三人寄れば文殊の知恵、というやつね。文殊菩薩様は知恵の神様だから、それが三人寄ればいい知恵が出るであろうと。楽観的ね。

出そうと思ったって出るものじゃないのよな知恵なんてものは。三人じゃちょっと心もとないから倍の六人、いやいやもう少し多目にして十人で営業会議、さて、この不景気の時代を乗り切るための営業戦略の知恵を各自……しーん。君、何かないのかね。は、お、おまけグッズをつけるとかあ。うーん、そっちは？　あ、3％還元セールとか……。しーん。

こういうとき、文殊様だったら何て言うのかなあ。

Seeing is Believing
.....
みた？
みた…

百聞一見【ひゃくぶんいっけん】

ま、とりあえず見てみなさい。はい、見てみましょという気分でいろいろな所へ出かけます。

たとえばメキシコ。ティオティワカンとかいう所のピラミッドみたいな遺跡に登りました。ハア、ハア、空気薄い。苦しい。やっと頂上。ぐるりと見渡して、ユカタン半島ですか。下って他の壁画などをぐるりとめぐって、はい一見。何もわかりません。

それから百聞。いろいろ聞いていろいろ調べて。それでもほとんどわかりません。とんでもない歴史があったのだろうという元の予感から一歩も出ません。

連鎖反応
なんで
つながってるの？
さいきん
はやってるんだ

連鎖反応

【れんさはんのう】

まだ購買意欲が若々しかったちょっと昔、かのベンツのセールスマンが言ってました。日本人って連鎖反応的に買いますよって。お隣りがベンツにした、お向かいさんも。じゃうちもベンツね、って。もう皆様ベンツですよ、と言えばさらに売れると。

うーん。そんなものかしらね。見栄ってやつかな。見栄の連鎖反応かしら。お隣りもウォシュレットですよ。お向かいの奥さんもお尻洗ってますよ、なんていうのも同じかしら。じゃうちのお尻も洗わなくちゃと思うのかな。これも見栄かな。

完全燃焼

【かんぜんねんしょう】

完全燃焼しました。もう何も思い残すことはありません、なんていうアスリートの引退声明よくあります。ちょっと涙をさそいます。でちょっと心をゆるしていると、あ、やっぱりまだやり残したことがあるような気がしましたので復活します、なんてこともあるから、気をつけないとね。復活しなくても解説者になったり指導者になったりして、うん、文字通りの完全燃焼ってのはなかなかないのかね。

俺やってみるか、完全燃焼しました。絵本から引退します、なんてさ、誰も聞いてねえか。

前人未到
welcome!

前人未到

【ぜんじんみとう】

ついに100m9秒7を切りました！　前人未到の大記録！　みたいなのあまり言わないほうがいいと思う。

公式記録上は、ということでしょ。前人はわかりませんよ。100m5秒ぐらいで行っちゃう人、いたんじゃないですか、どこかに。42・195kmを40分ぐらいで走ってしまうやつ、けっこういたと思いますよ。競技会とかスカウトなんかが出現しないずっと前、あるいはずっと奥地の方にさ。

なにしろ人類それなりに永いですし、多いですし。前の人よりなんて大雑把に言わないほうがいいと思うな。

たいくつで
死にそう……
でも
死なないもんね…

不老不死

【ふろうふし】

とりあえず四字熟語というものは、諸先輩方の経験と叡智、学問と教養の賜物というう側面がある、あるはずであるという想いがこの四字ですべて崩れますね。これはいけません。ルール違反です。

老いて死ぬことを前提に、やれ「有言実行」だとか「朝令暮改」だとか「虎穴虎子」なんていろいろ工夫して言い回して遊んでいたのに、突然「不老不死」はないよ。シャレになりません。死なないのよ。72番ホールやってもまだ続くの。ずーっと花見やるんだよ。ずーっと飲んでるんだよ。ずーっと働くんだよ。これ死ぬよな。

仲 門

BUS
年金町

nami abu nobuta...

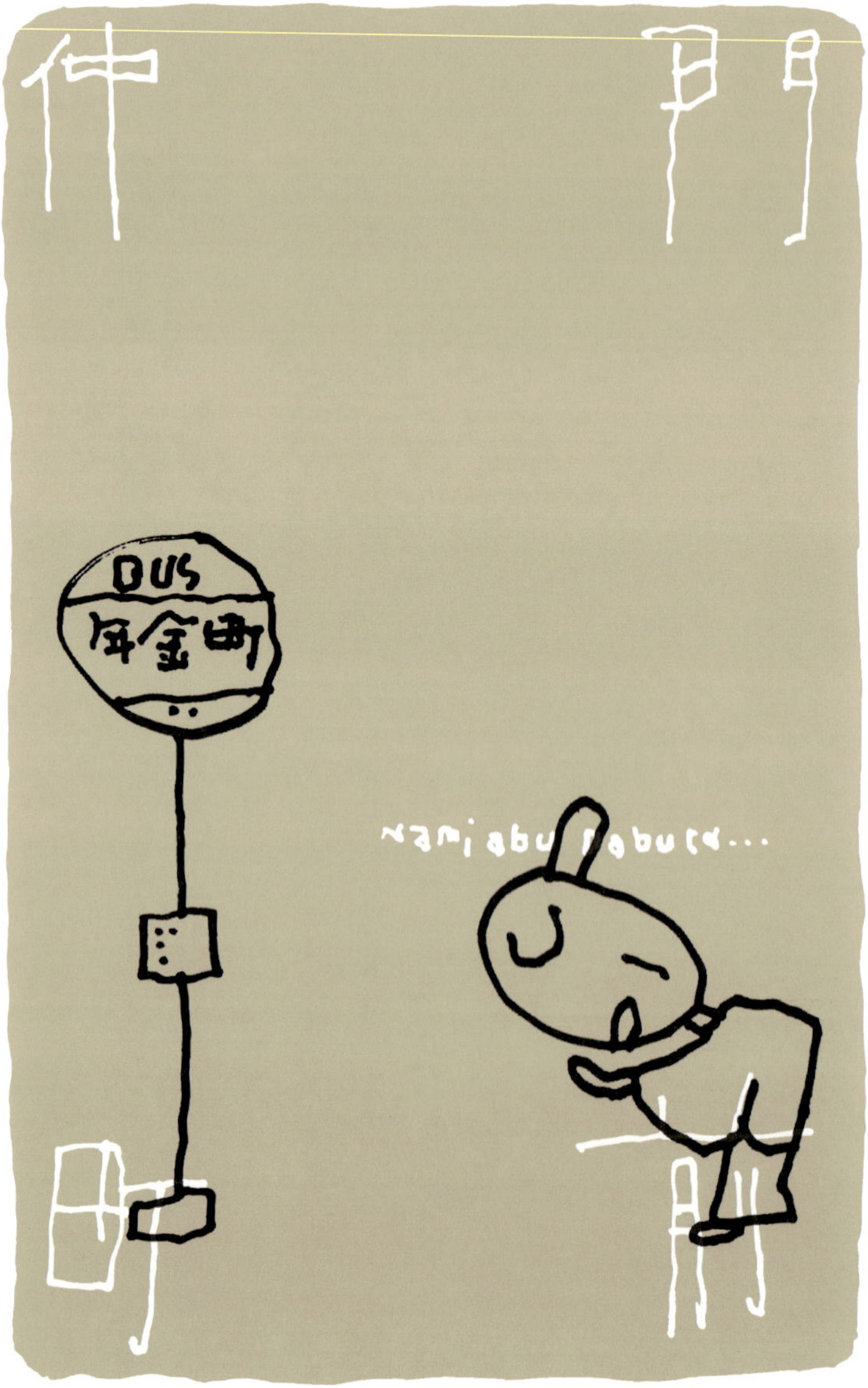

門前仲町

【もんぜんなかちょう】

これただの地名ね。

いやいやそうじゃないの、仲町とは老若男女が仲睦まじく日々の暮しを営む市井という意味あいであって、されば門前、つまり仏様は自らその御門を開いて正しき衆生をその懐にお招きになるであろう。要するに、正しく仲良く生きる者は仏の救済に授かれるということを「門前仲町」と言うのだ、なんちゃって。うん、なかなか上手くいったね。では調子に乗って、中野本町もやってみるか。在野における悟りの段階に小野、中野、大野というのがあって、その本質に迫る道程での……、あ、めんどくせえ。

光
如
もう朝なの!
早いわねえ
このところ!
PON
矢
陰

光陰如矢【こういんやのごとし】

光陰、つまり時の流れはあたかも放たれた矢の如く速いぞ、故に時間を大切にせねばいかん、ぼんやりサボっている場合ではないのだ！　……と、おおかた年寄りが言うのさ。

それはつまり、矢の速度は一定ではなく、初速はそれなりにピュッと出るけれど、あとはシュルシュル、ヒュルヒュル、けっこう遅くて、さて落下するあたりから急に速くなるという物理なのではないだろうか？　と思うわけよ。

俺はやや光陰速くなりつつあるぞ。

自問
自答
自問自答に
なったら
もう
芸はおしまいじゃー!!
な・
おっさんよ!!

自問自答【じもんじとう】

これ好きですね。子どもの頃からずっとやっています。

「外に行きたい人！」

「はあい」

「この自転車はやいねえ」

「そうです、ぼくがこいでいるからでーす」

「腹へったね」

「うん、腹へった」

みたいなやつ。自問自答形式で生活するのね。ひとり遊びの極致だな。少しキビシいのもやるのさ。

「あの野郎、ぶっ飛ばしてやろうか！」

「いや、いまはマズイよ」

とか
「この本売れるかなあ」

「そういうこと今考えるな」

みたいに。

荒唐無稽
なにかもひとつ
コウトウムケイが
たりないなあ・・・
TV

荒唐無稽

【こうとうむけい】

むちゃくちゃで何の根拠もないことを、やや否定的にこう言うらしいのですが、何をおっしゃいます、輝く荒唐無稽をご存じない方はお気の毒。長新太大明神の絵本を一度ご覧なさい。

ぶたが空に浮びます。お月さんが池で泳ぎます。象はお尻に顔があります。蛇はロールになって走ります。サルはひとつの帽子をふたりでかぶります。草原からは色んな物が出ます。荒唐無稽はすべての始まり、宇宙の根本だということがわかりますです。

大同
小異
だいたい おなじ…

大同小異《だいどうしょうい》

【だいどうしょうい】

いつごろまでだったか、そうN君が指摘するまでだからたぶん30代後半までか、ぼくは「甘」という字の中の横棒を二本書いていた。ずっと。「甘」とね。

ある日N君が言うわけ「五味さんの甘いという字、中一本多いスヨ」と。え、甘いは中一本なの？　そう。知らなかった。でもさN君、その字を甘いって読んだんでしょ、この字なんて読むんですかって聞かなかったよね。じゃ、とりあえずいいじゃん、読めるんだからさ。え、よくない？　やっぱり中一本。誰が決めたの？　昔の人？　ふーん。

過大評価
ゆるぎない職人わざによって人類の未来を照らす…
マッチだ

過大評価【かだいひょうか】

ときどきペインティング・ワークショップごときものを開催しますが、その現場は過大評価の嵐です。うちの子、色彩感覚いいんじゃない?! 発想がほんとに自由だわあ! 構図なんかバツグン! などなど。で調子に乗って、この才能もっと伸ばしてあげるのにはどうすれば……みたいな質問がこちらに及んだりして。

はいはい、いや、その才能はもうご両親ともどもすでに身の内に潜在しておるわけであえて伸ばさなくてももう充分で……などと過大ヨイショして逃げ出すわけです。

言文一致

言文一致【げんぶんいっち】

ぼくの場合は言うことと文章があまりにも一致しすぎているキライがあるけれど、一方、あまりにも一致してないやつ、けっこう多い。「霧の中にかすかにネオンを光らせている馴染みのパブを目指して、濡れた石畳の道を歩みながら私は、ああまた倫敦《ロンドン》に戻ってきたと……」なんて平気で書くやつがいるのだけれど、これがバクみたいな顔していつも汗臭い男なのさ。気の利いた会話なんてぜんぜん出来ないやつなの。どうなってんのかなやつの頭の中。倫敦《ロンドン》だぜ。それにいい歳してまだ親のところに居るんだよ。草加の。

名所
旧跡
名所旧跡はまだなの？
この石だんが名所旧跡よ

名所旧跡

【めいしょきゅうせき】

わりと皆さん名所旧跡がお好きです。地元の人も観光の人も。当地はそれなりに盛り上がります。で、その近所が悔しい。ちょっとズレたので客が来ません。

そこで、その名所が偉いお坊様が建てたお堂なんかだったとしたら、そのお坊様が立ち寄った跡とかお休みになった石だとかをフューチャーして、準名所化するわけね。ついでにお坊様が通った道なんかもさ。さらにお坊様の念力で湧き出した温泉とか御利益で甦った松の木なんてものもデッチあげてみんなまとめて世界遺産。めでたい。

四
苦
八
苦
4×9=
8×9=

四苦八苦

【しくはっく】

こういった熟語の優れたところは、苦しいとか辛いとか死にそうなんて感情を数値化するところにあります。

四つぐらい苦しいかと思えばその倍の八つも苦しかったりするわけです。でもそれは五苦十苦よりは苦しくないのか、と言えば、それは違います。四へ五の数式はこの場合登場しません。あくまでも四も苦しくてさらにそれは八も苦しいのよ、その苦しさの内容については今あえて述べませんが、なにしろ四も苦しく八も苦しいこの気持ちを察してね、ということだ。察してあげようではありませんか。

4 LETTERS
IDIOM

四字熟語

【よじじゅくご】

とまあ、いろいろ書いて描いてみましたが、おお、「四字熟語」という言葉もまた四字熟語ではないかと気がついて、あらためてもう一項目。四字熟語総括ということで。

うん、どうやら漢語、漢字をやや気取って重々しく、格式ばって偉そうに使うとなかなか効果的であると思いついたこの風土独特の文化というやつが歴史的にあって、今日でも折にふれときどき顔をだして、まあ地味に活躍しているのが四字熟語というものなのではないかと思うわけです。

そういえばちょっと昔、言葉のたのしさを図鑑風にまとめてみた絵本を作った時のことですが、はじめはそのまま「ことばがいっぱい」というダラしないタイトルを想定して制作進行していたのですが、入稿直前の夜中、ふっと思い当たるところがあって、「言葉図鑑」という題に変えました。うん、ちょっと偉そうにしたのね。これ成功ね。しっかりと「言葉図鑑」と来るとなんとなく買わねばいけない、と思いそうじゃないですか、一般人は。それが「ことばがいっぱい」だと、ま、そのうちね、という感じがするであろう、で、あまり売れないであろう、と考えたわけです。

うん、「言葉図鑑」売れましたね。ま、中身もそれなりに良かったのですけれど、タイトル勝ちです。四字熟語の力であります。有難いことです。で、そこから導き出される四字熟語の本領というものは、

その1　格好つけるときの四字熟語

その2　困ったときの四字熟語

その3　まとめに入ったときの四字熟語

その4　パワーアップのための四字熟語

その5　暇なときの四字熟語

その6　見せかけ見栄の四字熟語

あたりです。

その1～4まではもうおわかりだと思いますが、その5その6についての実際を少々。

たとえば街で雨が急に降り出してちょっと困ったのでタクシーをつかまえようと思ったがそれが生憎つかまらない、仕方ないのでカフェで雨宿り、なんていう状況の折、全体には暇ですから「降雨困惑」「乗合《タクシー》不

在」「緊急避難」「早足入店」などとやるわけです。推敲の余地、多分にありますのでいろいろとやっているうちに雨も上がるという寸法です。

で、その6四字熟語の音声の魅力を十分に生かした見せかけ使い、

「その点に関してはコンセキホンポウだよなあ……」「まったくガリュウマンマン、ゼンエキセンドの思いでありまして……」

なんてやつです。どんな字を書くのでしょうか。どんな意味なんでしょうか。そのところはともかく、会話がいい加減にそれなりに偉そうに進行するというやり方です。愚かな若者にはハナから敬遠され、真摯な教養人からは詰問されたりする危険もあるのでなかなか魅力的です。一度お試し下さい。

で、成り行きでこの項目、「あとがき」ということにしました。どうぞよろしく。

五味太郎

蛇足補足

蘊蓄含蓄

本書においては四字熟語をやや独断的な理解で扱い過ぎたキライがありますので、ここに一般的意味あいを記しておく次第です。

【一石二鳥】17世紀のイギリスの諺「kill two birds with one stone.」（一つの石で二羽の鳥を殺す）の訳語で、一つの行為から二つの利益を得ること。

【生存競争】生物が生き残るための競争。もとは、ダーウィンの進化論の中心概念struggle for existenceの訳。

【漁夫之利】二者が争っている隙につけこんで、第三者が労せずして利益を得ること。出典は中国・前漢代に編まれた史書『戦国策』。戦国時代、趙の国が燕の国を攻めようとしているところに、燕の使者が行き、「今見てきたことだが、貝殻の口を開けてひなたぼっこをしていた〝どぶがい〟の肉を鴫（シギ）がついばんで喧嘩になり、どぶがいは貝殻で鴫のくちばしをはさんで離さず、鴫も譲らずにいるうち、漁師が通りかかって両方とも捕まえてしまった。今、趙と燕が争えば、両国が戦って疲弊したところに秦が攻めてくるであろう」と説き、趙の出兵を止めたという故事による。

【危機一髪】髪の毛一本ほどのわずかな違いで危険な状況に陥りそうなこと。せとぎわ。

【花鳥風月】自然界の美しい景色や、それを重んじる風流のこと。

【家庭円満】円満は、角が立たず穏やかな様子。

【一網打尽】網をひとうちするだけでそこにいるすべての魚を捕らえること、転じて、悪人や敵対する者すべてを一度に捉えること。

【牛飲馬食】多量に飲食すること。鯨飲馬食とも言う。

【医食同源】病気の治療も普段の食事も源は同じ、人間の生命を養い健康を維持するもの。だから、日常の食生活に注意を払うことが病気を予防するための最善策であるという考え。中国の薬食同源思想からヒントを得て日本で造語された言葉。初出は1972年ＮＨＫの『きょうの料理』だとか。

【我田引水】自分の利益になるように、引きつけて言ったり行動したりすること。

【前代未聞】今までに聞いたこともないような珍しいこと。

【弱肉強食】弱いものが強いものの餌食（犠牲）になること。中国・唐代の文人士大夫である韓愈が『送浮屠文暢師序』中に「夫獣深居而簡出。懼物之為己害也。猶且不焉。弱之肉、強之食。」と詠んだ句が出典。

【自画自賛】自分で自分（の行為）を褒めること。本来、絵画の画中に詩文や言葉を記すことを「賛」と言い、通常は他人に書いてもらうが、自分の絵に自分で賛を書き入れることを自画自賛と言った。

【小春日和】陰暦の10月（今の11月〜12月初めごろ）を小春と呼び、その季節の穏やかで暖かい天気のことを小春日和という。

【隔靴掻痒】靴の上から痒いところを掻くように、もどかしいこと。

【好事多魔】好い事にはあれこれ邪魔が入りやすい、ということ。

【美人薄命】美人は病弱だったり不幸にみまわれて短命だとの意味。出典は中国北宋代の政治家・詩人、蘇軾の「薄命佳人」の詩「古より佳人多く命薄し。門を閉じて春尽き楊花落つ」。佳人は美人のこと。薄命は運命に恵まれないこと。

【画龍点睛】本来「がりょうてんせい」と読む。睛は瞳、「睛を点ずる」で、最後に大事なところを描き入れる、つまり物事を完成させるために最後に施す大切な仕上げをいう。また、わずかなことで全体が引き立ち物事に活気が生じること。最後の一点が不完全で仕上がりが不十分なことを「画龍点睛を欠く」と用いる。出典は中国歴代の画論画史をまとめた『歴代名画記』。名画家が寺の壁に龍を描き、瞳だけ描き入れずにいたが、請われて瞳を描き入れたところ、龍が抜け出し天に昇っていったという故事による。

【色即是空】大乗仏教の経典『般若心経』の一節。この世のあらゆる事物現象（色）は仮の姿であり、本質は空（くう）であるという教え。

【自由自在】思いのままにふるまえること。

【春夏秋冬】四季。

【晴耕雨読】晴れた日には田畑を耕し、雨の日には家で読書をするという、田園での悠々自適な生活を表す言葉。

【一方通行】道路において車両の通行を片方向に限定すること。またその道路。転じて、意思の伝達などが一方的であることもさす。

【因果応報】善いことをすれば善い報いがあり、悪いことをすれば悪い報いがある。因果は仏教用語で因縁果、直接的要因（因）と間接的要因（縁）が揃ったときに結果（果報）はもたらされるとするもので、過去や前世の因縁に応じて果報があるということ。

【一致団結】組織や団体が目的達成のために意志や力を結集すること。

【以心伝心】考えていることや思いを、言葉を使わないでも互いにわかること。もとは、禅宗で、言葉では表わせない仏法の真髄を無言のうちに弟子に伝えること。

【正真正銘】本物であることに間違いないこと。

【沈思黙考】黙って、深くよく考えること。

【和洋折衷】日本（大和）風の様式と西洋風の様式とを折衷する（両方の極端なところを捨ててほどよいところをとる）こと。

【即身成仏】人間が厳しい修行によって究極の悟りを開き、この身のまま仏になること。主に天台宗、真言宗で説かれ、空海がその思想を『即身成仏義』に著している。即身仏（生きたままミイラになること）とは意味が異なります。

【適材適所】ふさわしい能力を持つ人をふさわしい任務につけること。もとは、日本家屋や寺社など伝統的建物を建てるときに様々な木材の特長を生かして適切な場所へ使い分けることを言い、木材の使い分けが大切なことは『日本書紀』にも記されている。

【一目瞭然】ひと目みただけではっきりわかること。

【三角関係】三人の男女の間に結ばれる恋愛関係。

【言行一致】言葉と行いが一致すること。

【森羅万象】限りなく並び連なる（森羅）たくさんの（万）形あるもの（象）。宇宙に存在するいっさいのもの。

【台風一過】台風が一気に通り過ぎること、転じて、騒動などで乱れた状態が一気におさまること。明治時代末に当時の中央気象台長が英語のtyphoonに合わせて「颱風」という字を使ったのが「台風」となったといわれている。

【風林火山】甲斐の戦国武将・武田信玄が、中国春秋時代の兵法書『孫子』（軍争）の一節を引用して「疾如風徐如林侵掠如火不動如山」と軍旗に記したことなどから、風のように敏速に動き、林のようにじっと静かに好機を待ち、火の燃えるような勢いで奪い取り、山のようにどっしり構えるという戦術・態度を〝風林火山〟と称する。

【輪廻転生】人の死後あの世に還った霊魂が、動物なども含めた別の存在としてこの世に何度も生まれ変わること。仏教やヒンズー教などにおける考え方、用語。

【針小棒大】針ほどの小さなことを棒ほどに大きく大げさに言うこと。

【公私混同】公的な事と私事のけじめをつけないこと。

【先憂後楽】中国・北宋の政治家で後世理想的な指導者と仰がれた范仲淹が『岳陽楼記』に記した政治家の心構え。天下の安危については人より先に心配し、人々が安楽に暮らせるようになった後に自分も楽しむ、という教え。

【責任転嫁】嫁は本来〝とつがせる〟、転じて〝よそへやる〟〝なすりつける〟という意味の動詞。責任を自分の所から他人の所へやることを、譬喩的に転嫁（再度の嫁入り）と言ったのか？　ちなみに、嫁を「よめ」と読み〝息子の妻〟〝新婦〟の意味に使うのは、日本独特の国訓。

【切磋琢磨】学問や修養によって自分を磨き上げること、また、友人同士互いに励まし合い競い合って学問や人格を磨き向上すること。中国最古とされる詩集『詩経』の一節で、ある君子の有り様を、骨や象牙を切ったり研いだり玉や石を削ったり形を整え磨く細工師の技巧に喩え、褒め称えた言葉が出典。

【大器晩成】鐘や鼎など大きな器は簡単には出来あがらず時間がかかる（あるいは完成には至らない）ことに喩え、偉大な人物は才能の現れるのは遅いけれども徐々に大成するものだということ。出典は、中国の道家思想の代表的書物といわれる『老子』。

【一期一会】一期は仏教の言葉で人が生まれてから死ぬまでの間、一生。「こうして出会っているこの時間は二度と巡っては来ないたった一度きりのもの。主客ともにこの一瞬を大切に思い、今出来る最高のもてなしをせよ」という千利休の茶道の心得を、その弟子の山上宗二が『山上宗二記』の中に、〝一期に一度の会〟と著したことによる。

【喧喧囂囂】大勢の人が勝手な意見を言ってやかましいようす。「侃侃諤諤」は、遠慮なしに盛んに議論すること。

【全知全能】完全無欠の知能、あらゆることを実行できる（神の）能力。

【起承転結】漢詩・近体詩の代表的な詩型、絶句（四句から成る定型詩）の構成。第一句で詩意を提出（起）、第二句で内容を受け（承）、第三句で意を転じて発展（転）、第四句でまとめる（結）。今では、文章構成法や物事の順序の意味に使われる。

【栄枯盛衰】人や物事が繁栄したり衰退したりすること。栄枯は草木の茂ること枯れることを意味する。

【大安吉日】大安は、かつて使われていた暦のひとつ六曜（先勝・友引・先負・仏滅・大安・赤口）のうち最も吉の日とされ、すべての物事を行うのに最も良い日柄とされた。

【順風満帆】追い風（順風）を受けた船が帆をいっぱいにはらんで進む様子に喩え、物事が好都合に調子よく運ぶこと。

【神出鬼没】神や鬼のように自由自在に出没すること。

【無理心中】心中とは、関係の深いもの同士が一緒に死ぬこと。無理心中は、強引な心中。

【竹馬之友】共に竹馬に乗って遊んだような幼友達。出典は『晋書』（殷浩伝）。桓温と殷浩という幼友達が、長じて互いに軍人となり反目しあって戦い、戦に勝った桓温が都から殷浩を追い払うときに、「わたしは子供のころ殷浩と竹馬で遊んだが、わたしが竹馬を乗り捨てるとやつはそれで遊んでいた。（だからわたしの下になるのは当然だ）」と語ったという逸話による。現在では、仲の良い親しい幼友達を、竹馬の友と呼んでいる。

【馬耳東風】 他人の意見をまったく気にかけず、聞き流すこと。中国・唐代の詩人、李白が詠んだ詩『答王十二寒夜独酌有懐』の中の一句で、珠玉の詩文に対する世の中の人の無関心ぶりを「有如東風射馬耳」（馬は耳をなでる春風に何も感じない）と喩えた。

【愚問愚答】 くだらない問答。

【悪事千里】「悪事千里を走る（行く）」悪い行為や評判は、どんなに隠してもあっという間に広範囲（世間）に知れ渡るということ。出典は、後唐から宋初の孫光憲が著名人の逸話を集めた『北夢瑣言』に記された一節、「好事不出門、悪事行千里」。

【孤立無援】 ひとりぼっちで周囲からの助けが得られないこと。

【支離滅裂】 まとまりがなく、ばらばらで筋道がたたないこと。

【内助之功】 妻が家庭にあって夫を助ける働き。日本の慣用句。

【喜色満面】 うれしそうな表情が顔いっぱいに表れていること。

【文武両道】 学芸と武芸の両方に通じていること。転じて、勉強とスポーツの両方にすぐれていること。

【男女平等】 男性と女性の権利を同等にしようという考え。

【和魂洋才】 日本固有の精神を大切にしつつ西洋の学問・知識を学び取り、両者を調和、発展させること。日本固有の精神と中国伝来の学問を融合する「和魂漢才」を、明治以降、「和魂洋才」ともじった。

【良妻賢母】 明治以降に欧米から輸入された考えだそうで、1885（明治18）年伊藤博文内閣の文部大臣森有礼が「良妻賢母教育」を国是とすべきと声明。女性解放運動、フェミニズムと深く関わる言葉であるようです。

【烏合之衆】 統制や規律のない群衆のこと。〝烏の群れがばらばらであるように〟と、烏（カラス）がバカな鳥であるかのように喩えられていますが、どっこい烏は鳥類の中でも非常に知能が高いことが、現代では証明されております。出典は中国の後漢朝について書かれた歴史書『後漢書』耿弇列伝。

【羊頭狗肉】 看板と内容が一致しないこと。見かけだけ立派で内容が伴わないこと。中国南宋時代の禅書『無門関』の中に、釈迦と弟子とのやり取りを見ていた無門という男が、お釈迦様の行動を「羊頭を懸けて狗肉を売るようなものだ」と批判したという故事があり、それ以前にも「牛首馬肉」「羊頭馬脯（馬の干し肉）」など似たような故事成語がある。

【温故知新】「ふるきをたずねてあたらしきをしる」とも読む。先人の知恵、古い教えを学び、そこから新しい真理を悟ること。出典は中国の儒教の経書『論語』（為政）。先人の学問、過去の事柄を研究し、現実にふさわしい意義が発見できるようであれば、人の師となることができると孔子が述べた言葉。

【賛否両論】 賛成と不賛成の両方の意見があること。

【条件反射】 生物が経験や訓練によって後天的に獲得する生理的な反応（反射行動）。1902年旧ロシアの生理学者イワン・パブロフの犬の実験によって発見された。

【十人十色】 好みや考え方、性格などは、人によってそれぞれ違うということ。

【魑魅魍魎】 さまざまな化け物。魑魅は山林の気から生じる妖怪で、魍魎は山川や木石の精霊とされる。転じて、私欲のために悪だくみをして人を苦しめている悪者の喩え。

【先見之明】 将来を前もって見抜く力。

【天地無用】 無用には、1. 役に立たない・必要でないこと 2. してはならないこと・禁止 3. 用が無い、などの意味があり、この場合、天地（上下）＋無用（してはならない）、「上を下にしてはいけない」という和製四字熟語。

【三人文殊】 文殊は、大乗仏教の経典に描かれた悟りに至る智慧の徳を受け持つ菩薩で、一般的な知恵の象徴ともなった。「三人寄れば文殊の知恵」は、愚かな者でも衆知を結集すればいい考えも出る、という意味。

【百聞一見】「百聞は一見に如かず」何度も間接的に情報を仕入れるより一度実際に見るほうがよくわかるということ。出典は中国・前漢のことを記した歴史書『漢書』（趙充国伝）。

【連鎖反応】 ひとつの反応によって次の反応が引き起こされ、反応が次々と進行していくこと。転じて、ひとつの事件をきっかけに次々と同じような事件が誘い起こされること。

【完全燃焼】 余すところ無く燃えつきること。転じて、持てる力をすべて出しきること。

【前人未到】 探検や記録、偉業において、今までにまだ誰も到達していないこと。

【不老不死】 永久に老いず死なないこと。

【門前仲町】 東京都江東区西部地域（旧深川地区）。

【光陰如矢】 光＝日・昼、陰＝月・夜、光陰で年月の意味。月日の経つのは早いという喩え。

【自問自答】 自分自身に問いかけ、自分で答えること。

【荒唐無稽】 言うことにとりとめがなく（荒唐）、考え（稽）に根拠が無いこと。

【大同小異】 だいたい同じで細かい点だけが異なるという意味。出典は中国の道家思想の大著『荘子』（雑篇・天下）。現象面の差異を超越した絶対的な立場から万物の無差別・斉一性を説く『荘子』は日本にも早くから伝来し、日本の文化・教養に大きな影響を与えた。

【過大評価】 物事や人について実際より高く評価すること。

【言文一致】 文章を書くとき、なるべく話し言葉に近づけること。

【名所旧跡】 景色の良さで有名な場所（名所）や歴史的な場所（旧跡）。

【四苦八苦】 非常な苦しみ。あれこれと苦心すること。本来、仏教における苦しみの分類として、根本的な苦しみを生・老・病・死の四苦とし、愛別離苦・怨憎会苦・求不得苦・五蘊盛苦を合わせて八苦という。4×9（しく）＝36、8×9（はっく）＝72を足して百八つが煩悩の数という説も。

【四字熟語】 熟語とは、1. 二字以上の漢字を組み合わせてできたことば 2. 二つ以上の単語を組み合わせてできたことば。複合語 3. 成句、慣用句、イディオム の意味があり、漢字四つで構成される熟語が四字熟語。中国の韻文に見られる最も古いリズムが四言詩であり、古来、四字熟語が好んで多用された。

四字熟語グラフィティ

発行年月／2009年 5月初版

作
五味太郎

編集
内海陽子

デザイン
ももはらるみこ

発行
絵本館

〒167-0051 東京都杉並区荻窪5-16-5
TEL.03（3391）1531 FAX.03（3391）1533
http://www.ehonkan.co.jp/

印刷・製本
萩原印刷株式会社

NDC914 192p 210×148mm
ISBN978-4-87110-070-0 C0095